Através
dos olhos
do outro

KAREN NOE

Através dos olhos do outro

UM GUIA PARA REVISAR SUA VIDA
E CRIAR A PAZ INTERIOR

Tradução: Fernanda Ruiz

MAGNITUDDE

MAGNITU^DDE

Através dos olhos do outro – Um guia para revisar sua vida e criar a paz interior
Título original: Through the eyes of another – a médium's guide to creating heaven on earth by encountering your life review now
Copyright © 2012 by Karen Noe – Originally published in 2012 by Hay House Inc. USA
Copyright © Portuguese edition © 2013 by Lúmen Editorial

Magnitudde é um selo da Lúmen Editorial Ltda.

1ª edição - novembro de 2013

DIREÇÃO EDITORIAL: *Celso Maiellari*
DIREÇÃO COMERCIAL: *Ricardo Carrijo*
COORDENAÇÃO EDITORIAL: *Fernanda Rizzo Sanchez*
REVISÃO: *Fernanda Almeida Umile*
PROJETO GRÁFICO, CAPA E DIAGRAMAÇÃO: *Ricardo Brito | Estúdio Design do Livro*
IMAGEM DE CAPA: *_IB_ | iStockphoto*
IMPRESSÃO: *Orgrafic Gráfica*

Dados Internacionais de Catalogação na Publicação (CIP)
(Câmara Brasileira do Livro, SP, Brasil)

Noe, Karen
 Através dos olhos do outro / Karen Noe ; tradução Fernanda Ruiz. -- São Paulo : Magnitudde, 2013.

 Título original: Through the eyes of another.

 ISBN 978-85-65907-15-6

 1. Autobiografia - Aspectos psicológicos 2. Cartas - Aspectos psicológicos 3. Comunicação interpessoal 4. Relações interpessoais - Aspectos psicológicos 5. Relações interpessoais - Aspectos psíquicos I. Título.

13-11414   CDD-133.91

Índices para catálogo sistemático:
1. Cartas : Comunicação : Médiuns   133.91

Lúmen Editorial Ltda.
Rua Javari, 668
São Paulo - SP
CEP 03112-100
Tel/Fax (0xx11) 3207-1353

visite nosso site: www.lumeneditorial.com.br
fale com a Lúmen: atendimento@lumeneditorial.com.br
departamento de vendas: comercial@lumeneditorial.com.br
contato editorial: editorial@lumeneditorial.com.br
siga-nos nas redes sociais:
twitter: @lumeneditorial
facebook.com/lumen.editorial1

A autora deste livro não dispensa aconselhamento médico ou prescreve o uso de qualquer técnica como forma de tratamento para problemas físicos, emocionais ou de saúde sem o aconselhamento de um médico, seja direta ou indiretamente. A intenção da autora é apenas oferecer informações de carácter geral para ajudar em sua busca emocional, espiritual e de bem-estar. No caso de você usar qualquer uma das informações contidas neste livro para si mesma, sendo seu direito constitucional, a autora e a editora não assumem nenhuma responsabilidade pelas suas ações.

2013

Proibida a reprodução total ou parcial desta obra sem prévia autorização da editora

Impresso no Brasil - *Printed in Brazil*

Este livro é dedicado aos meus três anjos preciosos, amores da minha vida, CHRIS, JÉSSICA e TIM.

Vocês são tudo que uma mãe poderia querer e muito mais.

Tenho muito orgulho de cada um de vocês. Amo-os muito!

Agradecimentos
(original norte-americano)

Desejo expressar o meu mais profundo agradecimento à minha família e aos meus amigos, que me apoiaram nessa jornada espiritual. Amo muito todos vocês!

Um agradecimento especial à minha alma gêmea, Ken, que me faz sentir como se eu fosse a pessoa mais importante do mundo e que continua me incentivando a cada passo do caminho. Você é a pessoa mais gentil e cuidadosa que já conheci. Sou muito abençoada por ter você na minha vida.

Abraços e bênçãos extras para os meus amigos "anjos", que sempre torcem por mim e me deixam ser eu mesma. Sinto como se conhecesse todos vocês a minha vida inteira.

Sou especialmente grata àqueles cujas histórias estão contidas nestas páginas. Sem vocês, este livro não existiria.

Aos amigos da Balboa Press; estou muito grata pela incrível experiência da primeira edição deste livro.

Minha mais profunda gratidão a Reid Tracy por acreditar em mim. Muito obrigada pelos seus úteis conselhos, enquanto eu ainda estava na Balboa Press e por fazer com que meu sonho se realizasse: tornar-me uma escritora da Hay House.

A Deus e aos seus muitos anjos, que sempre me guiaram e me protegeram. Não há palavras que possam expressar a minha gratidão pela sua presença eterna!

E a minha mãe, obrigada por continuar a me dar surpreendentes sinais de que você continua cuidando de mim. Você foi a melhor mãe e amiga que alguém poderia ter. Tenho muita honra de ter sido sua filha. Vou amá-la para sempre!

Sumário

Prefácio, 11

Introdução, 17

PARTE I: A JORNADA – REVISÃO DA MINHA VIDA PESSOAL

1. Fazendo a revisão de vida agora, 23
2. Vendo através dos olhos das pessoas mais próximas, 31
3. Cartas para outros membros da família, 51
4. Carta para alguém que sempre ficou por último, 65
5. Carta a um ente querido falecido, 75
6. Cura recebida pela revisão de vida, 83

PARTE II: COMO VIVENCIAR SUA PRÓPRIA REVISÃO DE VIDA

7. Carta de agradecimento, 91
8. Carta de perdão, 105
9. Carta para si mesma, 123
10. Cartas para os que já partiram, 135
11. Recebendo FEEDBACK dos seus entes queridos falecidos, 149
12. Outras maneiras de ver através dos olhos do outro, 169

PARTE III: UM PROCESSO CONTÍNUO

13. Após concluir sua revisão de vida, 179
14. Resumindo: vendo através dos olhos do outro, 191

Posfácio, 205
Apêndice, 207

Prefácio

Como médium eu acredito que a alma é eterna. Vi enormes transformações e também algumas mais brandas em meus clientes depois que eles receberam mensagens de entes queridos falecidos, dizendo-lhes que estavam bem. Em meu primeiro livro, *The rainbow follows the storm: how to obtain inner peace by connecting with angels and deceased ones* (O arco-íris segue a tempestade: como obter paz interna através da ligação com os anjos e entes queridos falecidos), discuto esse ponto mais detalhadamente, mas o essencial é: sua alma é energia. Quando ela deixa seu corpo após a morte do corpo físico, sua essência continua. Muitos anos de comunicação com os que já atravessaram para o outro lado permitiu-me chegar a essa conclusão.

Muitos anos atrás comecei a receber mensagens de anjos e entes queridos depois de ter passado por um momento difícil na minha vida. Certo dia, estava sentada na ponta da minha cama segurando a cabeça com as mãos e perguntei a Deus e aos anjos se eu ficaria bem. Em segundos, vislumbrei uma claridade dourada vindo em minha direção. Minha primeira reação foi declarar: "Se não for de Deus, por favor, deixe-me!". Entretanto, a luz magnífica continuou a flutuar em minha direção até chegar ao topo da minha cabeça e me envolver. Nesse momento, uma paz incrível caiu sobre mim e eu comecei a chorar. Durante essa experiência, senti-me completamente em harmonia com Deus, com os anjos e com todos os outros seres desencarnados. Em seguida, ouvi uma voz conhecida: *"Luce, Lucina, bella luce lucina"*. Graças a Deus, meus avós eram Italianos e eu entendi: "Luz, pequena luz, linda pequena luz". Depois de ouvir essas palavras, dei um suspiro de alívio e percebi cada um dos meus "chamados problemas" sendo tirados de mim, um por um. Embora não entendesse o que estava acontecendo, aquele momento se tornou um grande marco na minha vida. Havia ganhado o presente mais incrível, e nunca mais seria a mesma.

Toda essa experiência mudou não só a *minha vida*, mas também a vida daqueles que estavam à minha volta. Comecei a experimentar uma paz e uma tranquilidade, que eu nunca havia sentido antes, e obtive um conhecimento profundo sobre as coisas que eu era incapaz de entender anteriormente. Considerando que, antes, eu *estava* procurando anjos, agora, os *conhecia*. *Havia* ouvido falar sobre a unidade de todos, agora *sentia* essa inteiração com tudo e todos. Minhas habilidades psíquicas também aumentaram bastante. No início, as mensagens que recebia chegavam devagar, mas, de repente, começaram a ocorrer com mais frequência. No início, não queria compartilhá-las com outras pessoas, pois achava que poderiam pensar que eu estava louca, mas depois mudei de ideia e percebi quanta paz elas proporcionaram a todos. Essas mensagens recebidas de desencarnados eram bem específicas, para que seus entes queridos vivos soubessem, sem duvidar, que o que falavam era real.

Finalmente, resolvi alugar um espaço para realizar atendimentos por meio do Reiki[*]. E era um benefício adicional se alguém "viesse" do mundo espiritual. Nunca esquecerei uma das minhas primeiras experiências. Uma jovem mulher chamada

---

[*] Reiki: REI significa universal e KI a força da energia vital presente, que pertence ao que é cósmico. É uma prática espiritual enquadrada no vitalismo, criada em 1922 pelo monge budista japonês Mikao Usui. Técnica manipulável pela imposição de mãos, por meio dela os praticantes acreditam ser possível canalizar a energia universal e restabelecer o equilíbrio natural, não só espiritual, mas também emocional e físico (Nota de Edição).

Jill me procurou por recomendação de sua mãe e de sua avó. Depois de fazer a imposição das mãos e receber mensagens do seu avô, visualizei um carro. Ao lado, tinha o que pensei não significar nada para ela: um canguru com luvas de boxe. Estava relutante em lhe contar minha visão, pois me pareceu muito estranha; ainda assim, uma figura masculina do mundo espiritual continuou incentivando-me para falar. Quando finalmente quebrei o silêncio, ela suspirou e respondeu: "Sim, é meu amigo Rob. Ele desencarnou em um acidente de carro... e boxeava cangurus na Austrália".

Depois da consulta, finalmente tive certeza de que recebia mensagens reais dos que haviam partido para o outro mundo. Afinal, eu não sabia nada sobre o amigo da garota. Continuei recebendo mensagens específicas, às vezes loucas, de entes queridos falecidos. Essa notícia começou a se espalhar e tive de alugar outro espaço. De repente, minha agenda estava lotada e a lista de clientes cresceu a tal ponto que atualmente, passados mais de doze anos, minha agenda tem reservas para os próximos dezoito meses. E ainda tenho de recusar novos clientes por causa da grande demanda dos meus compromissos.

Estou compartilhando tudo isso para mostrar quem eu sou e por que sou capaz de falar tão abertamente sobre o que a alma passa depois da morte do corpo físico. Embora a maior parte do livro não seja sobre mensagens que recebi de entes queridos falecidos, inclui no apêndice algumas mensagens favoritas, para que você entenda plenamente um fato muito importante: a vida não termina após a morte do corpo físico – ela simplesmente continua!

Introdução

Sendo médium, geralmente ouço arrependimentos dos que atravessaram para o outro lado. Eles dizem que "deveriam ter" ou "poderiam ter" dito ou feito certas coisas enquanto ainda estavam aqui na Terra. E uma maneira que podem comunicar essas palavras é utilizando um médium.

Da mesma forma, as pessoas que entram em meu consultório, muitas vezes comentam que nunca deixaram claro aos entes queridos que estavam tentando entrar em contato, mas somente o quanto eles os amavam e os admiravam. Por causa de coisas não ditas ou não feitas, todos sentem muitos arrependimentos.

Depois de ouvir depoimentos como esses por inúmeras vezes, comecei a me questionar como a vida seria diferente se disséssemos, na vida atual, aos nossos entes queridos o quanto eles significam para nós, enquanto ainda estão aqui conosco. Sabia que isso seria uma mudança de vida!

Assim, decidi conduzir um experimento. Solicitei aos clientes interessados em participar que escrevessem diferentes tipos de cartas a pessoas importantes, que faziam parte da vida deles. Caso se sentissem guiados, deveriam enviar ou entregar as cartas aos destinatários. Por eu estar altamente motivada a fazer as pazes com os entes queridos da minha própria vida, também participei do experimento. Os resultados foram melhores do que jamais poderia ter imaginado.

Na parte I deste livro, falo sobre o que é uma revisão de vida e explico *os benefícios de realizar uma revisão de vida agora*, em vez de esperarmos passar para o outro lado da vida.

Podemos usar as cartas como plataformas para passarmos por uma revisão de vida. Sempre digo que minha vida mudou para melhor depois que comecei a escrever vários tipos de cartas para mim e para os meus próprios entes queridos vivos e desencarnados.

Na parte II, discuto os diferentes tipos de cartas que você pode escrever para si mesma ou para seus entes queridos, e mostro-lhe como pode passar por todo o processo de criar a paz em sua vida através dos olhos do outro. Também incluí um capítulo sobre como receber mensagens e obter sinais de entes queridos, e *explico como encontrar um bom médium*, se você sentir que não está conseguindo receber tais sinais.

Na parte III, explico a importância de manter a paz que você criou com os entes queridos após a escrita das cartas, e discuto o porquê você deve continuar honrando e amando a si mesma. Também mostro que a paz interior não vem de uma mudança nas circunstâncias, mas sim de uma alteração na *percepção* dessas circunstâncias.

Finalmente, no apêndice, compartilho algumas das minhas mensagens favoritas, as quais respondem perguntas que meus clientes frequentemente me fazem sobre a vida após a morte do corpo físico e muito mais. Se desejar, você pode ler primeiro essa seção, pois ela trata de um assunto isolado.

Portanto, leia e descubra como "enxergar melhor", isto é, a forma de ver tudo através dos olhos do outro. Quando for capaz de fazer isso, você e todos os que fazem parte de sua vida vão se sentir amados, honrados e respeitados. Em outras palavras, você criará a paz para si mesmo e para os que o rodeiam.

Parte I

✦✦✦

A jornada – revisão da minha vida pessoal

Capítulo 1

Fazendo a revisão de vida agora

O seu espírito continua a existir depois da morte do corpo físico. Quando você fizer sua transição, sentirá exatamente como afetou todos os seus entes queridos através de seus olhos. Essa revisão de vida é uma maneira de entender o impacto que você causa aos outros durante sua existência terrena. Durante essa revisão de vida, também chamada de *revisão panorâmica da vida*, você vai se colocar no lugar de todos aqueles com quem já se encontrou. Tudo o que você fez ou deixou de fazer para os outros, você sentirá como se tivesse sido feito ou não para você. Se estiver interessado em ler mais sobre esse tema, recomendo um livro maravilhoso chamado *Saved by the light* (Salvo pela luz), escrito por Dannion Brinkley, em que o autor descreve sua experiência de quase morte depois de ter sido atingido por um raio e de ter sido declarado clinicamente morto durante vinte e oito minutos. Ele discute a revisão de vida em detalhes e como ela o fez mudar para sempre.

POR QUE FAZER UMA REVISÃO DE VIDA ENQUANTO AINDA ESTAMOS NA TERRA?

Como disse na introdução, pessoas desencarnadas, às vezes, sentem-se frustradas porque acham que é tarde demais para fazer as pazes com os entes queridos vivos. Depois de ouvir isso inúmeras vezes, comecei a me perguntar o que aconteceria se pudéssemos fazer uma revisão de vida enquanto ainda estamos encarnados. Sabia que essa revisão traria muita paz – não somente para nossa vida, mas também para a vida dos que estivessem ao nosso redor – se realmente fôssemos capazes de ver como nossas ações afetam os outros. Isso nos daria a oportunidade perfeita de identificar o que precisamos mudar *antes* de fazer a transição.

Assim, se déssemos um passo à frente e fizéssemos tudo o que fosse necessário para fazer essas alterações, seríamos capazes de liberar culpas, ressentimentos e vergonhas indesejadas. E, finalmente, nos livraríamos de ligações negativas do passado, criando relações mais harmoniosas no presente.

Além disso, nossos entes queridos ficariam felizes por estar à nossa volta e já não se sentiriam frustrados por não serem ouvidos. Eles seriam capazes de ver o quanto realmente os amamos e queremos manter essa paz recém-chegada.

ESCREVER CARTAS COMO PLATAFORMA PARA A REVISÃO DE VIDA

Após pedir aos anjos que me ensinassem como passar pela revisão de vida, eles imediatamente me mostraram o exercício de escrita de cartas que havia sido dado aos meus filhos quando eles estavam passando pelo processo de receber o sacramento da primeira comunhão. Pais e irmãos foram orientados a escrever cartas para os filhos, dizendo-lhes o quanto eles são amados e estimados.

Lembro-me de que foi uma oportunidade maravilhosa para dizer aos meus filhos o quão especiais eles eram e o quanto eu os admirava por suas qualidades únicas. Foi uma experiência muito positiva para todos nós. Para minha surpresa, após ter escrito as cartas aos meus filhos, cada um deles também escreveu uma carta para mim. Depois desse dia, quando precisamos nos lembrar de que somos verdadeiramente amados, voltamos para essas preciosas cartas.

Quando comecei a relembrar essa experiência, de repente ocorreu-me o porquê de os anjos terem me dado esse exercício: cartas são uma maneira maravilhosa de dizer aos entes queridos o quanto eles significam para nós hoje! E é tão simples! Poderíamos nos sentar e escrever tudo o que gostaríamos que eles soubessem, como se estivéssemos olhando o passado com eles. A carta seria muito positiva – iria fazê-los sentir-se bem. Nela, falaríamos de todo o carinho que eles merecem, certificando-nos de incluir qualquer coisa que poderíamos nos arrepender de não ter dito depois de deixarmos este mundo.

Se houver entes queridos em nossa vida com quem temos arrependimentos, o exercício de escrita de cartas é uma ótima maneira de liberar a energia negativa que carregamos. Dessa forma, não teremos nenhum arrependimento ao deixar esta vida, pois vamos dizer e fazer tudo o que é necessário, agora.

Portanto, eu já sabia *o que* fazer, mas precisava saber *como* fazê-lo. Pensei sobre isso e decidi realizar uma reunião de grupo. Enviei uma correspondência em massa para todos os meus clientes informando-lhes de que estava oferecendo uma oficina gratuita sobre a importância de dizer aos entes queridos o quanto eles realmente significavam para nós. O comparecimento a essa oficina foi tão grande que não havia lugares suficientes para todos se sentarem, muitos ficaram em pé. Eu mesma tive de recusar algumas pessoas, pois não havia mais espaço.

Os participantes foram convidados a escrever as cartas, caso se sentissem guiados para isso, e instruídos a enviá-las aos destinatários. Em seguida, eu defini outra reunião para ver o que havia acontecido. Mal sabia o quanto esse simples exercício iria mudar, literalmente, a vida dos escritores e dos destinatários das cartas.

Capítulo 2

Vendo através dos olhos das pessoas mais próximas

Estamos todos em viagens diferentes e, às vezes, deparamos com alguns obstáculos ao longo do caminho. A maioria de nós está tão envolvida em sua própria vida que é incapaz de enxergar sob o ponto de vista do outro. Isso pode ser ainda mais verdadeiro quando lidamos com os que são mais próximos de nós. Quando estamos com os "chamados problemas", com as pessoas que fazem parte de nossa vida, uma atitude comum é ver apenas o que os outros estão fazendo para nós. A desvantagem, contudo, é que a reação dos outros é a mesma: eles só veem como os estamos afetando.

O exercício para os participantes na minha oficina inicial de cartas era escrever cartas para as pessoas mais importantes de sua vida. Os participantes tinham de escrevê-las como se estivessem vendo e relembrando as experiências que tiveram com os entes queridos, pois assim teriam uma perspectiva mais ampla sobre o que realmente havia acontecido. Na carta, deveriam dizer aos entes queridos o quanto eles significavam, que os amavam e porque tinham orgulhoso deles. Enquanto escreviam, eles também precisavam ver tudo do ponto de vista da outra pessoa. Em outras palavras, os escritores tinham que realmente tentar ver como afetavam a outra pessoa, tanto de maneira positiva quanto negativa. O ponto de partida era que a carta deveria ser, na maioria das vezes, positiva – tanto para o escritor quanto para a pessoa que receberia a mensagem. Ao reconhecer situações positivas, os escritores foram convidados para discutir quais das ações úteis, de amor, iriam continuar executando. Ao reconhecer circunstâncias negativas, foi solicitado que pedissem perdão e discutissem como remediar a situação.

O objetivo era criar paz na vida de ambos: do escritor da carta e do destinatário. Fiquei surpresa, no entanto, quando a experiência tornou-se a maior experiência de cura da minha própria vida!

MINHA EXPERIÊNCIA
AO ESCREVER CARTAS ÀS
MINHAS CRIANÇAS

Queria ver, em primeira mão, como escrever cartas para meus entes queridos me afetaria e como afetaria as pessoas na minha vida, pois havia acabado de passar por um divórcio um ano antes e estava me esforçando para manter tudo da forma mais normal possível dentro da minha família. Eu sabia que as cartas para os meus filhos e para o meu ex-marido seriam as mais difíceis, porém seriam as mais importantes.

Comecei escrevendo para o meu filho mais velho, Chris. Naquela época, ele estava morando em Nova York, pois a empresa em que ele trabalhava o havia transferido para lá. Na carta, expliquei que escrever para ele era uma ótima oportunidade para lhe dizer exatamente o quanto ele significava para mim. Eu lhe disse o quanto minha vida havia mudado para melhor depois do seu nascimento e também de como tive sorte por ter podido ficar com ele em casa quando ele era mais jovem. Falei todas as coisas maravilhosas que lembrava sobre ele quando estava crescendo e entrei em detalhes sobre o porquê tinha tanto orgulho dele.

Sabia que tinha de falar sobre alguns eventos dos quais me arrependia.

Quando você estava no sétimo ano, as coisas mudaram um pouco. Você ficou mais quieto e eu não quis interferir. Para ser honesta, não sabia lidar com a situação, pois erámos muito ligados antes disso. Eu sentia que você queria que eu o deixasse em paz, e foi isso que fiz. Não deveria ter agido assim. Eu deveria ter te abraçado mais (pois eu realmente queria, mas não queria incomodá-lo), deveria ter dito mais vezes como me sentia (pois eu o amava e continuo amando-o muito). Eu achava que você precisava de espaço, porém aproximação especial, porque eu recuei. Eu sinto muito; mas quero que saiba que eu o adoro. Se eu pudesse compensar todos aqueles abraços que não dei naquela época, eu os daria agora!

Em seguida, discuti o porquê sentia muito sobre o divórcio e que eu poderia ter agido de forma diferente. Também entrei em mais detalhes na minha carta sobre o porquê o amava tanto e fiz questão de incluir que ele era tudo o que queria em um filho – porque ele é! Sabia que a carta estava completa quando terminei de escrever a quarta página. Em seguida, assinei e a coloquei dentro de um envelope.

Na noite seguinte, escrevi uma carta para a minha filha Jéssica. Sabia que seria uma carta difícil, pois a Jéssica morava fora por causa da faculdade quando eu e meu ex-marido nos divorciamos. Embora estivesse aparentemente fora do problema quando tudo aconteceu, o divórcio a afetou muito, de forma extremamente negativa.

Eu e a Jéssica fomos próximas por muitos anos, e eu queria que continuasse assim. Senti-me tão mal: primeiro, porque ela estava sofrendo com o divórcio; segundo, porque aquela situação poderia ter arruinado o meu relacionamento com ela, que amo tanto. Assim, comecei a carta do mesmo jeito que comecei a do Chris, explicando o porquê estava escrevendo. Contei que tinha muito orgulho dela – desde quando ela era bebê até os dias atuais. Falei que sentia muito pelo divórcio e como ela tinha sido afetada.

> Sinto muito pelo fato de meu relacionamento com seu pai não ter dado certo e como isso a afetou, assim como ao Chris e ao Tim. Seu pai e eu tentamos fazer o melhor – principalmente para vocês. Basicamente, o que aconteceu é que somos o oposto um do outro; ninguém é ruim ou errado. Na verdade, vou escrever para ele também, dizendo o que é preciso. Será coisa boa – não se preocupe. Realmente quero paz na vida de todos nós. Sim, talvez nós dois poderíamos ter tentado um pouco mais, mas, às vezes, ser pacífico significa seguir em frente e buscar as coisas que precisamos e amamos fazer. E, agora, nós dois podemos fazer isso.

Como sabe, estou tentando manter a paz com a família do seu pai. Todos são carinhosos e não gostaria que fosse diferente. Se não estou fazendo tudo perfeitamente, por favor, saiba que estou tentando. Talvez eu cometa erros ao longo do caminho, mas, certamente, não vou machucar ninguém nesse processo. Quero o melhor para todos vocês, e, finalmente, estou descobrindo o que é melhor para mim também. É uma experiência de bastante aprendizado e todos estão crescendo.

Não gostaria de terminar a carta com arrependimentos, portanto, expressei o motivo pelo qual eu era tão grata por algumas coisas e escrevi que sabia que era uma boa mãe. Também me certifiquei em dizer-lhe quão maravilhosa ela era! Agradeci e disse-lhe o quanto a amava e a razão de ter tanto orgulho dela. Ao terminar, senti como se tivesse tirado um peso enorme dos meus ombros. Imprimi a carta, assinei e a coloquei dentro de um envelope.

A carta seguinte seria direcionada ao meu filho mais novo, Tim, que morava em casa durante a transição e me viu arrumar todas as nossas malas, mudando-se comigo para nossa nova casa. Na carta, mencionei algumas das coisas engraçadas que ele fez quando era criança e a razão pela qual eu me sentia tão grata por ter ficado em casa com ele quando pequeno. Continuei agradecendo muito por ter participado de todos aqueles momentos e descrevi os motivos de ter tanto orgulho dele.

Em seguida, senti que tinha de lidar com os meus arrependimentos.

Quando você ficou mais velho e não precisava mais de mim como antes, comecei a trabalhar. Esse novo estilo de vida fora de casa foi uma ótima experiência para mim, mas eu me arrependo de algumas coisas – como perder alguns jogos de beisebol aos sábados por motivo de alguns compromissos. (Como sabe, havia marcado os compromissos com muita antecedência, não podia mudá-los, e me arrependo muito disso.) Também me arrependo de não ter ficado com você em casa nos dias em que você não tinha aula. Mesmo não precisando de mim como quando era mais jovem, eu ainda quero ficar com você, apoiá-lo. Espero que saiba que você, o Chris e a Jéssica sempre serão prioridade em minha vida.

Como mencionei na carta do Chris e da Jéssica, sinto muito pelo divórcio e também expliquei que fiz tudo o que podia para manter a paz com toda a família.

Tim, em breve você vai para a faculdade e ficará sozinho, portanto, não estará aqui todos os dias quando eu voltar para casa. Vou sentir muito sua falta. Apesar da maior parte do tempo você ficar lá embaixo no porão enquanto eu fico aqui em cima, eu sei que está aqui, e isso é muito confortante. Não tenho dúvidas de que vai "estourar" pela sua habilidade maravilhosa, verá e sentirá a realização de todos os seus objetivos! Mas quero que saiba o quanto eu o amo por quem você é, e pelo que se tornou.

Continuei agradecendo por suas qualidades incríveis e falei o motivo pelo qual tinha tanto orgulhoso dele. Depois, terminei a carta.

Aqui vão algumas palavras de sabedoria. Por favor, lembre-se de fazer o que você ama na vida. Não se acomode. Certifique-se de escolher um trabalho que goste quando terminar a faculdade. Sim, ganhar muito dinheiro é bom, mas, por favor, entenda que ser feliz é o mais importante. Além disso, lembre-se de se divertir. Crie um equilíbrio entre trabalho e diversão, e aproveite a vida!
Enfim, saiba que estou aqui e sempre estarei, e tenho muito orgulho de ser sua mãe. Por favor, nunca mude. Eu o amo muito e gostaria que você soubesse disso.

Havia acabado de escrever todas as cartas para meus filhos! Imprimi a carta do Tim, assinei e a coloquei dentro de um envelope. Agora, estava pronta para entregá-las.

Meus dois filhos mais novos moravam em casa, por essa razão, apenas coloquei as cartas na escrivaninha de cada um. Era o Dia dos Namorados. Enviei a carta do meu filho mais velho dias antes para que ele a recebesse a tempo. E assim, esperei.

Depois de ler a carta, Tim, meu filho mais novo, que naquela época já era um homem de poucas palavras, subiu as escadas enquanto eu fazia o jantar e me agradeceu. Ele ficou na cozinha e conversou comigo um pouco. Eu gostei muito.

Mais tarde, naquela noite, depois que minha filha chegou, após um dia de trabalho, e leu a carta, ela desceu as escadas para me dar um grande abraço. Ela me disse o quanto me amava e o quanto havia gostado do que eu havia escrito para ela. Eu estava muito feliz, pois agora ela era capaz de entender o quanto eu realmente me importava e queria fazer as coisas certas.

Precisei enviar um e-mail para o meu filho mais velho, Chris, alguns dias depois para me certificar de que ele havia recebido a carta. Ele confirmou por e-mail e me agradeceu muito.

Cada um deles tem uma personalidade, e, superficialmente, não parecia que eu tivesse feito muito progresso. Entretanto, os efeitos reais não apareceram de imediato; eles apareceram mais tarde. Tornamo-nos mais próximos e senti que o ressentimento havia passado. O Chris começou a me visitar com mais frequência, a Jéssica começou a confiar em mim de novo, e o Tim passou a se abrir para mim também. Eu me perguntava se iria receber uma carta deles, mas sabia que, na verdade, não era isso o que importava, mas sim o fato de que eu havia escrito a eles. Estava muito feliz por ter curado o meu relacionamento com cada um deles. Entretanto, fiquei muito surpresa com o que aconteceu no meu aniversário, um mês e meio depois.

MINHA SURPRESA DE ANIVERSÁRIO

Meus filhos decidiram me levar a um restaurante no meu aniversário. Eu estava superanimada por estar com eles num dia tão especial! Jantamos no meu restaurante mexicano favorito e, em seguida, retornamos para a minha casa para comermos o bolo que a Jéssica havia feito. O Chris perguntou se poderíamos esperar pela sua namorada, Jamie, antes de cortar o bolo. Claro que a esperamos.

Quando ela chegou, Jéssica pediu para que eu me sentasse no sofá, pois eles tinham uma surpresa para mim. Ela pegou um DVD com imagens deles (filhos) e eu na capa. Minha filha colocou-o no aparelho e eu fiquei muito ansiosa. Sabia que seria algo muito especial!

A primeira pessoa que apareceu na tela foi minha mãe. Fiquei surpresa e perguntei: "Quando você foi à casa da sua avó?". Olhei para ela, que apenas sorriu.

Minha mãe começou a falar sobre suas lembranças de quando eu era jovem e disse o quanto me amava e o motivo pelo qual tinha orgulho de mim. Foi tão emocionante que comecei a chorar. Em seguida, apareceu minha irmã. Ela se lembrou de nossa infância e disse que me amava.

Depois, a Jamie apareceu na tela. Ela recordou algumas lembranças engraçadas de nossos momentos juntas, inclusive quando todos nós demos banho no meu cachorro Benny, no quintal. Ela também se lembrou de quando trouxe o seu cachorro Corky para ver a minha piscina. Naquela época, minha outra cachorra, Chelsea, saiu no quintal, e como ela não estava prestando atenção, Chelsea caiu dentro da piscina. A Jamie contou como eu pulei na piscina para salvá-la, mesmo não sabendo nadar e tendo muito medo de água. Continuou falando que aquele era um exemplo perfeito do meu comportamento: "Pensar nos outros, mesmo arriscando a própria vida". Tentei segurar as lágrimas enquanto ouvia suas palavras carinhosas.

Em seguida, apareceu o Tim, que falou sobre uma viagem a Boston, em que eu o levei com seu amigo Sam. Ele me agradeceu por rir com ele sempre e por aturar todas as brincadeiras que fizeram comigo durante todos aqueles anos. Ele continuou dizendo o quão grato ele era por outras coisas também, e disse que me amava muito. Eu queria abraçá-lo ali mesmo, naquele momento!

A próxima foi Jéssica, que me disse o quanto me amava. Falou que eu sempre a apoiei e que nunca a julguei. Continuou me agradecendo por tê-la ajudado a "ver o mundo com olhos amorosos". Dá para entender o motivo que, nesse ponto, eu estava perdendo completamente o controle. Senti-me muito amada e muito grata pelo que meus filhos haviam feito por mim. Sabia que a Jéssica era o cérebro do projeto e estava ciente de quanto tempo e energia ela havia gasto para fazer tudo aquilo acontecer!

A seguir, foi a vez de Chris, que falou sobre coisas que não acreditei que ele pudesse se lembrar! Ele relembrou o quanto amava dinossauros na pré--escola e mencionou que eu havia comprado todos os livros e brinquedos de dinossauros que havia encontrado. Comecei a rir, pois tudo isso era a pura verdade. Ele continuou dizendo o quanto eu o tinha ajudado ao longo dos seus anos escolares, e falou sobre algumas "palavras de sabedoria" que eu havia lhe dado antes de ele ter feito seu discurso de despedida de formatura no colégio. (Para que ele falasse com mais facilidade na frente de todos, disse a ele para imaginar que todos na plateia estavam somente com roupas íntimas.) Em seguida, ele disse o quão orgulhoso estava de mim por estar fazendo o que eu amava, pela criação de um negócio próspero, e por eu ter me tornado uma escritora. Terminou dizendo o quanto me amava.

Pensei que a gravação tivesse acabado, mas meus animais apareceram na tela também. Meu cachorro Benny apareceu e latiu bem alto. Havia uma legenda que dizia: "Mama, quero lhe dizer uma coisa".

Meu outro cachorro Oreo latiu na cara do Benny, e a legenda dizia: "Olhe para mim! Você sempre rouba a atenção!".

Em seguida, meu gato, Mikey, apareceu na tela muito entediado, e a legenda dizia: "Ah, aqueles cachorros loucos!".

E, finalmente as palavras: "Nós amamos você!" apareceram na tela. (Uma semana depois que assisti ao vídeo, Oreo morreu, portanto, fiquei muito grata por ele estar na gravação!)

Agora, você pensaria que tudo isso já foi bom o suficiente. Mas depois, a música "Histórias da minha vida" começou a tocar, e o vídeo continuou com uma série de fotografias de alguns dos momentos mais importantes da minha vida. Eles começaram desde quando eu era criança e continuaram até os dias atuais. Em seguida, meus filhos começaram a crescer nas fotos, uma legenda na tela dizia: "E assim alguns anos se passaram", e as fotos minhas autografando livros e dando palestras sobre anjos apareceram. Nesse momento, a música de Louis Armstrong "What a wonderful word" começou a tocar. Eu literalmente tive "solavancos de anjos" por todo o corpo!

No fim, esse DVD maravilhoso terminou com as palavras, "Você fez muito", seguido por uma pausa, e então: "...e ainda tem muito mais. Temos muito orgulho de você. Nós a amamos! Feliz Aniversário".

Aquele foi o meu melhor presente na vida. Não pude controlar as lágrimas; corri lá para cima para limpar o rímel que escorria pelo rosto.

Certamente, meus filhos foram afetados pelas cartas que eu havia escrito. Os efeitos não foram tão aparentes no começo, mas sei que as cartas mudaram o relacionamento deles comigo para sempre. Quanto a mim, mais uma vez, senti que um grande peso havia sido retirado dos meus ombros. Sabia que se tivesse de deixar a terra naquele momento, estaria totalmente em paz com os meus filhos e comigo mesma, pois havia lhes dito tudo de que precisava dizer.

Escrever aquelas cartas para os meus filhos foi uma das melhores coisas que já fiz, não só porque me ajudou a fazer as pazes com eles após o divórcio, mas também porque foi uma ótima oportunidade para lhes dizer o quanto eles eram amados. Sim, eles sabiam o quanto eu os amava antes das cartas, mas agora tudo estava escrito e podia ser lido várias vezes ao longo dos anos.

E, como bônus adicional, meus filhos usaram do mesmo conceito e me presentearam com um DVD maravilhoso, dizendo o quanto me amavam também.

A CARTA PARA MEU EX-MARIDO

A carta seguinte que escrevi foi para o meu ex--marido. Muitas coisas não foram ditas durante e depois dos nossos vinte e cinco anos de casamento, e eu sabia que teria de colocar tudo no papel. Comecei a ver que a nossa incapacidade de nos comunicar era uma de nossas armadilhas, e aquela era uma boa oportunidade para falar tudo. Lembrando que a carta deveria ser positiva, sentei em frente ao computador e comecei a escrever. Enquanto escrevia, percebi que o ponto de partida era que erámos completamente opostos e que esse era o motivo pelo qual tudo havia terminado como terminou. Nenhum de nós era ruim. Somente queríamos coisas diferentes. Percebi que deveria tê-lo apoiado mais em seus interesses e que ele deveria ter me apoiado mais nos meus.

Eu era grata por ele ter sido um bom provedor, o que me permitiu ficar em casa para criar nossos filhos. Também reconheci que ele havia se concentrado no trabalho, enquanto eu me concentrei em cuidar das crianças e da casa. Na época, nenhum de nós dava valor ao que o outro fazia. Ele se tornou um homem bem-sucedido e as crianças tornaram-se pessoas maravilhosas; portanto, nós dois alcançamos o que queríamos. Infelizmente, não fizemos o que era melhor para nós e não nos tornamos modelos de pais perfeitos aos nossos filhos: pais que demonstram amor um pelo outro.

Enquanto eu escrevia tudo isso, comecei a entender que fizemos o melhor que podíamos, e o passado havia acabado. Estávamos verdadeiramente em paz com a situação atual e tudo aconteceu do jeito que tinha de ser.

Apesar da maior parte da carta ser positiva, eu me defendi. Queria que ele entendesse meu ponto de vista; para mim isso era muito importante. O ponto de partida era que nós dois havíamos seguido por direções diferentes. O caminho dele foi bom para ele, e o meu, bom para mim; mas nenhum deles era bom para o outro.

Terminei a carta desejando-lhe tudo de melhor em sua vida e expressando que eu queria que ele fosse muito feliz. Agradeci a Deus pelo que cada um de nós, finalmente, havia encontrado a tranquilidade da qual precisávamos e perguntei se poderíamos continuar mantendo a paz entre nós, por nós mesmos e pelas crianças.

Quando acabei a carta, percebi que mesmo tendo terminado da forma que terminou, nós dois éramos boas pessoas, que merecíamos viver uma vida feliz. Enviei-lhe a carta, sabendo que era a coisa certa a se fazer. Assim, esperei.

Na semana seguinte, enquanto estava verificando meus e-mails, vi um e-mail do meu ex-marido. Só dei uma olhada, pois sabia que não teria tempo para processar tudo antes da minha próxima consulta. Tudo o que vi foi uma palavra: cético. No primeiro momento pensei que seria uma carta negativa, então a fechei por um momento, pois precisaria estar com a cabeça no lugar para minha consulta. Desliguei o computador e tentei meditar.

Após alguns minutos, mudei de ideia e liguei o computador novamente para verificar o e-mail; e foi muito bom ter feito isso. A carta basicamente dizia que primeiramente ele ficou cético, achou que a carta era do meu advogado, mas depois a leu. Agradeceu--me e escreveu um e-mail de resposta muito bom.

Eu havia escrito tudo o que precisava dizer, e ele havia lido. Não existia mais nenhuma palavra que não havia sido dita, e esperava que agora me entendesse melhor. Senti-me aliviada e sabia que agora tudo estava bem. A tensão entre nós finalmente acabou.

Desde então, trocamos e-mails sobre os animais e os filhos. Quando nos vemos em eventos familiares, comunicamo-nos mais do que jamais fizemos antes. Sinto que estamos finalmente livres para prosseguir nossa vida – de forma pacífica, com uma compreensão clara do motivo pelo qual tudo aconteceu do jeito que aconteceu.

Quanto a mim, todo esse processo também me ajudou a remover a culpa que estava sentindo por ter um casamento fracassado. Os meus amigos sempre me perguntam como eu posso manter essa paz entre meu ex-marido e sua família. Digo-lhes que depois de vinte e cinco anos juntos, essa é a única maneira que eu posso passar por tudo isso!

CAPÍTULO 3

Cartas para outros membros da família

Agora era a hora de escrever cartas para os meus pais e para a minha irmã. Nessas cartas, sabia que precisava escrever sobre as memórias de infância, bem como os acontecimentos mais recentes. Comecei com a carta para a minha mãe, pois o seu aniversário estava chegando e queria colocar a carta com o seu cartão de aniversário.

A CARTA PARA MINHA MÃE

Essa carta foi muito fácil de escrever, pois sempre fomos muito próximas. Comecei com palavras que realmente gostaria de dizer.

Você é a melhor mãe que uma filha poderia ter. Sempre soube que poderia contar com você quando estava crescendo, e sei que posso contar com você sempre.

Adulta, era capaz de ver tudo o que minha mãe havia feito por mim. Infelizmente, não havia dado valor a isso quando jovem.

Eu não entendia a extensão de tudo o que você teve de fazer para cuidar de mim. Você trabalhava muito para sustentar a mim e a Nora, e nunca reclamou. Chegava a casa depois do trabalho e cuidava de tudo que precisava ser feito. Gostaria que tivesse me pedido ajuda. Eu era criança, não entendia nada. Agora eu sei. Não deveria ter feito tudo sozinha.

De verdade, não entendia tudo o que você fazia, até que eu me casei e tive meus próprios filhos. Não tinha ideia de todo o trabalho que estava envolvido em lavar, passar, cozinhar, limpar e todo o resto – tudo para cuidar da casa e criar os filhos. Realmente, foi um trabalho de tempo integral.

Contudo, o mais importante era dizer que sabia o quanto ela se importava conosco.

Quero que saiba que eu sempre me senti absolutamente amada.

Estava ciente de que teria de adicionar alguns dos meus arrependimentos também, e assim os adicionei.

Queria que você morasse mais perto. Trabalho o dia inteiro, e depois tenho de fazer tudo o que precisa ser feito em casa. Soa familiar?! Se você morasse mais perto, poderíamos nos ver com muito mais frequência.

Terminei a carta, dizendo-lhe como somos parecidas.

Mãe, aprendi tudo com você. Eu a amo muito e tenho muito orgulho de você por você ser quem é e pelo que fez da sua vida. Você é muito especial para mim; queria que soubesse disso. Parabéns, mãe. Você é a melhor!

No seu aniversário, eu lhe dei presentes e um cartão. A carta tinha quatro páginas, por essa razão ela me disse que a leria quando todos fossem embora. Quando cheguei em casa, minha mãe me ligou, chorando e me agradecendo pela carta. Estava muito feliz por ter escrito tudo o que eu queria. Naquele momento, nada mudou, pois eu já havia dito à minha mãe durante anos o que havia escrito. No entanto, era bom que estivesse no papel para que pudesse ler todas as vezes que precisasse lembrar-se do quanto eu a amo.

Em janeiro de 2011, depois da primeira edição norte-americana deste livro, minha mãe fez sua transição para o outro lado da vida. Um dia antes de sua partida, ela não tinha conhecimento do que estava acontecendo ao seu redor. Enquanto estava se deitando, fiquei muito feliz ao ver a carta que havia escrito em seu criado-mudo. Naquela carta, havia tudo o que precisava dizer; então, puxei uma cadeira e suavemente li aquelas palavras a ela. Embora ela já não respondesse a nenhum estímulo, quando escutou a minha carta de amor para ela, sua expressão mudou completamente e ela levou as mãos à boca. Ela me ouviu! Foi uma bênção eu já ter escrito aquelas palavras perfeitas e ter sido capaz de lê-las a ela durante suas últimas horas de vida. Tudo de que eu precisava dizer foi dito, e eu não guardei arrependimentos. Foi uma bênção para mim e para minha mãe também!

A CARTA PARA A MINHA IRMÃ

Agora era hora de escrever uma carta para a minha irmã. Essa carta era um pouco mais difícil, pois, não sei por qual motivo, não éramos próximas uma da outra. Escrevi como tinha orgulho dela por ter ajudado tantas pessoas, incluindo as crianças que ensinou, e por todos os animais que ela resgatou. Por eu nunca ter verbalizado isso a ela, achei que seria bom escrever. Também expressei que a amava e que queria que ela soubesse que eu a admirava por tudo o que ela tinha feito.

Nunca imaginei que minha irmã responderia da maneira como respondeu. Ela disse que, em vez de fazê-la sentir-se bem, a carta a fez se sentir muito triste com relação ao nosso relacionamento. Ela disse que eu não havia incorporado nada na carta sobre o nosso relacionamento e a razão era que não havia muito a dizer. Ela acrescentou que não estava expressando seus pensamentos para causar um dilema ou transmitir animosidade. Pelo contrário, era uma tentativa de melhorar o nosso relacionamento e curá-lo ao longo do tempo.

Enquanto lia a carta, senti-me muito mal. O fato de ter aberto a carta logo após receber um telefonema e ficar sabendo que a minha amiga Marion provavelmente faleceria dentro de alguns dias não ajudou muito. Para ser honesta, vivenciava um desastre emocional, e estava em choque.

Naquele momento, tive de esquecer tudo o que estava acontecendo na minha vida. Percebi que minha irmã estava certa. Nós realmente não tínhamos um relacionamento. Ler sua carta me fez perceber que eu precisava fazer algo com relação àquela situação.

Liguei para ela sem saber o que dizer. Depois de admitirmos os nossos erros do passado, estávamos dispostas a nos reunir para um almoço, na metade do caminho de cada uma. Encontramo-nos alguns dias depois. Ela levou minha sobrinha e nossa mãe. Depois daquele dia, continuamos a fazer um esforço para nos vermos com mais frequência, e eu estou feliz em dizer que agora sou muito mais próxima dela do que fui a vida toda.

Meu objetivo ao escrever as cartas era fazer a minha revisão de vida antes que fosse tarde, e também curar meus relacionamentos. Foi isso que realmente aconteceu com a experiência que tive com a minha irmã. Entretanto, tenho de ser honesta ao falar como me senti quando recebi a resposta dela. Eu realmente pretendia que fosse uma experiência positiva, e não esperava receber um *feedback* negativo.

Apesar de não querer admitir, estava chateada por ela ter entendido de forma diferente a minha intenção; senti raiva de mim mesma por ter perdido tempo com aquela carta. Além disso, a experiência aconteceu em um período difícil da minha vida. Entretanto, minha irmã estava absolutamente correta, e, por causa da minha carta, ela respondeu o que era realmente necessário para curar a nossa relação!

Estou muito feliz por nossa relação estar melhor; e estou me esforçando para mostrar-lhe que me importo com ela e que quero fazer parte da sua vida. Eu amo minha irmã e sinto muito por tê-la magoado, apesar de não ter sido intencional. O fato é que somos mais próximas agora por causa da carta que escrevi. Estou muito feliz por estarmos mostrando uma para a outra que nos importamos uma com a outra.

A CARTA PARA O MEU PAI

Enquanto estava escrevendo a carta para o meu pai, conforme as regras impostas, precisava ver o seu ponto de vista sobre tudo, da mesma forma que aconteceria na minha revisão de vida.

Meus pais haviam se divorciado quando eu tinha por volta de quinze anos, e, desde aquela época, ele passou a não fazer mais parte da minha vida. Nunca guardei rancor, mas, infelizmente, não tive nenhum relacionamento com ele, além de vê-lo em casamentos ou funerais a cada cinco ou seis anos. Tenho de admitir que quando estava escrevendo a carta, passei por um momento difícil, pois percebi que eu havia afetado sua vida de forma negativa. Ligava raramente para ele; no início enviava cartões de aniversário. Sempre que telefonava para ele e ouvia que deveria procurá-lo mais vezes; ainda assim, ele nunca me telefonou; então, resolvi não telefonar mais. No entanto, o ponto aqui não é o que ele deveria ter feito, mas sim o que eu deveria ter feito de forma diferente.

Assim, na carta, comecei escrevendo que desde que se divorciou da minha mãe, nossa vida seguiu por caminhos diferentes e que, nenhum de nós tinha feito nada de propósito, mas, infelizmente, havíamos nos distanciado. Disse que sabia que ele tinha feito o melhor que ele podia na época, e eu só gostaria que tivéssemos mantido nossa conexão no meio de tudo isso. Mencionei que senti que o divórcio tinha sido uma coisa boa para ele e para a minha mãe, pois permitiu que eles pudessem se desvencilhar de uma relação que, realmente, não estava funcionando.

Em seguida, lembrei-me de que ele havia ficado chateado quando pedi para minha mãe – e não para ele – entrar comigo na igreja no dia do meu casamento muito tempo atrás. Expliquei a ele o motivo da escolha.

> Na verdade, havia dito à mamãe que queria que ambos me acompanhassem até o altar, mas ela disse que essa situação iria machucá-la muito. Eu não poderia causar-lhe essa dor. Espero que possa entender. Isso não quer dizer que não o amo. Não queria machucá-lo, e estou realmente arrependida pelo que fiz.

Sabia que precisava falar sobre mim em algum ponto da carta. Mencionei como eram os pais que eram adultos quando um divórcio ocorria, e que a responsabilidade de se reconectarem com as crianças era dos pais. Depois de ter acabado de passar por um divórcio, sabia a importância de tudo isso. Acrescentei também que todos reagem de forma diferente a situações estressantes, e que isso era normal.

No entanto, não havia percebido que fiquei por muito tempo enfiada nesse sentimento, acreditando que a culpa de não sermos próximos era minha. Estava pensando sobre essas coisas enquanto escrevia a carta, e, na verdade, percebi que a culpa não era apenas minha. Ambos deveríamos ter insistido em nos reconectar.

Certamente, não queria que a carta fosse negativa, esse não era o propósito. Contudo, gostaria que ele percebesse meu ponto de vista, e queria tentar ver o dele. O objetivo era dizer-lhe que eu o amava e queria que ele soubesse disso, e falei isso no fim da carta.

Já fazia algum tempo que tinha enviado a carta para meu pai e ainda não havia recebido uma resposta. Comecei a imaginar que ele não iria me responder. Pelo menos, sabia que havia tentado, e agora ele a tinha em suas mãos. A resposta finalmente chegou pelo correio, quando estava prestes a sentar-me para escrever sobre esse assunto neste livro. Admito que estava com medo de saber o que ele diria. No entanto, fiquei muito contente quando comecei a lê-la. Ele começou dizendo o quanto ficou feliz por receber minha carta e como ele gostaria que nosso relacionamento tivesse sido melhor. Como esperado, ele fez questão de expressar que ficou profundamente entristecido, ferido, e com raiva quando escolhi minha mãe para entrar na igreja comigo no dia do meu casamento. Ele acrescentou que sabia que poderia ter sido uma pessoa melhor, e me pediu para perdoá-lo. Escreveu que queria que eu entendesse que ele nunca quis me magoar.

Também afirmou que estava orgulhoso pelas minhas realizações e gostaria que tivéssemos nos comunicado mais no passado. Finalizou dizendo que eu tinha um lugar especial em seu coração e que sempre terei.

O resultado da minha carta para o meu pai foi tudo o que eu esperava. Finalmente nos desculpamos e nos perdoamos após tantos anos. Ao escrevermos as cartas, tínhamos alcançado a paz da qual necessitávamos desesperadamente por tanto tempo; foi uma experiência, no mínimo, libertadora. No entanto, estou feliz em dizer que não paramos por aí.

Após a carta, meu pai me ligou no meu aniversário, pela primeira vez em muitos anos, e me transmitiu muitas coisas que eu sempre precisei ouvir. Fiquei encantada por ele ter me estendido a mão e lhe disse que ficaria muito contente se pudéssemos nos encontrar. Marcamos, e eu e minha irmã o encontramos em "Atlantic City". Tivemos momentos maravilhosos. Estou muito feliz por nosso relacionamento ter reacendido e por entender totalmente que nunca é tarde para fazer as pazes. A melhor parte é que prometemos – e cumpriremos – continuarmos nos vendo daqui por diante. Não seremos capazes de mudar o passado, mas certamente podemos mudar o *presente* e o futuro também.

Capítulo 4

Carta para alguém que sempre ficou por último

Depois de dizer a todas as pessoas da minha vida o que eu precisava dizer, senti-me aliviada. No entanto, ainda faltava purificar o ar com alguém que sempre tinha colocado em último lugar em minha vida. Essa pessoa sempre colocou todos os outros em sua vida à frente de si mesma, então não achei que ela se importaria se eu cuidasse de todos os outros à sua frente, principalmente em se tratando da escrita dessas cartas.

Quando comecei a escrever a carta para ela, percebi o quão mal a havia tratado durante todos aqueles anos. Passei a entender que precisava tornar-me mais sensível aos seus sentimentos e decidi que começaria a fazer isso *naquele momento*. Essa pessoa era a que mais precisava ser cuidada, pois havia sido negligenciada por muito tempo. No entanto, a causa da negligência não está relacionada a qualquer um fora de si mesma; a negligência foi autoinfligida. Sabia muito sobre ela, mesmo assim, fiz muito pouco por ela. Percebi o quão lamentável era aquela situação, mas estava determinada a mudá-la completamente.

Sei muito sobre essa pessoa, porque passei todos os dias da minha vida com ela. Se você ainda não adivinhou... essa pessoa sou eu. Finalmente, tive a constatação de que eu era tão importante quanto todos os outros na minha vida. Embora as pessoas me dissessem isso havia anos, eu mesma precisava entender totalmente esse conceito.

A CARTA PARA MIM MESMA

Quando me sentei para escrever a minha carta, sabia que primeiro tinha de entender o porquê havia me tratado daquela maneira. E precisava analisar a situação com simpatia, assim como havia feito nas outras cartas.

Estava ansiosa para iniciar; então logo comecei a escrever a carta.

Uau! Essa vai ser a mais difícil. Como posso lhe dizer o quanto eu a amo, quando sempre a coloquei em último lugar na minha vida? Sinto muito por não ter lhe dado minha atenção e ter sempre colocado as necessidades de todo mundo antes da sua própria. A começar por hoje, vou tentar fazer com que você se sinta bem em todas as situações. É meu dever e de mais ninguém fazer com que suas necessidades sejam atendidas.

As lágrimas corriam pelo meu rosto enquanto eu escrevia essas palavras. Havia começado a compreender plenamente que a pessoa que eu mais havia maltratado na minha vida era *eu!* Agora precisava começar a praticar o autoperdão e me tratar com o respeito que eu realmente merecia.

Karen, tenho muito orgulho de você! Você é uma pessoa muito boa. Sempre tenta ver o melhor em todas as situações e procura entender o ponto de vista da outra pessoa. A única coisa que preciso dizer é que gostaria que visse seu próprio ponto de vista e sentisse como isso também é importante.

Estava começando a entender tudo com mais clareza. Em seguida, decidi escrever sobre as situações positivas que havia criado em minha vida.

Tenho muito orgulho de você por ter criado três crianças maravilhosas. Essa é uma de suas maiores realizações.

A maior parte de sua vida foi dedicada à criação dessas calorosas, carinhosas e bem-sucedidas crianças. E você certamente pode ver o resultado de sua devoção.

Naquele momento, estava me sentindo realmente satisfeita com quem eu era. Era triste nunca ter compreendido tudo isso até escrever essa carta. Nenhuma palavra poderia descrever completamente o quão terapêutico todo esse processo era para mim. Continuei a escrever sobre outras coisas que apreciava em mim, incluindo como havia começado o meu próprio negócio bem-sucedido e como havia ajudado muitas pessoas. Escrevi meu primeiro livro e tentei ver o lado bom das circunstâncias aparentemente ruins.

Depois de discutir esses aspectos positivos que vi em mim mesma, sabia que tinha de escrever o que gostaria de ter feito de forma diferente. A primeira coisa que veio à minha mente foi:

> Antes e durante a época do divórcio, você foi incapaz de mostrar às crianças um lar em que os pais se amavam e eram bons um para o outro. No entanto, sei que você não entendia as repercussões de tudo isso na época, e certamente não fez isso de propósito.

Escrevi sobre o que eu deveria ter feito de forma diferente no meu casamento e terminei com:

Por favor, veja todas as coisas boas de sua vida – e há muitas delas! Karen, o ponto de partida é que você fez tudo certo, garota! Tenho muito orgulho de você por quem você é, por tudo o que realizou e pelo que continua realizando. Agradeço-lhe e a Deus, aos anjos, à sua família e aos seus amados amigos por tudo isso!

Em seguida, assinei a carta.

Muitos abraços e bênçãos,
Karen.

Fiquei espantada com o fato de o quanto escrever essa carta me ajudou a realmente analisar diferentes situações que nunca havia pensado antes. Para começar, permitiu-me explorar várias qualidades que nunca havia percebido que tinha.

Quando, com os mesmos padrões usados para avaliar os outros, avaliei a mim mesma, fui forçada a reconhecer os traços positivos que possuía. No passado, se visse outras pessoas com essas mesmas características, teria notado como eram boas, mas, para a minha surpresa, nunca havia sido capaz de ver qualidades em mim.

Também fui capaz de ver que precisava honrar-me e defender-me, assim como faria por qualquer pessoa. Depois de escrever essa carta, lembrei-me das vezes que não respeitei meus próprios desejos, e percebi o quanto essas atitudes me machucaram. Soube que precisava cuidar de mim antes de cuidar dos outros. Com essa percepção, prometi que faria melhor e entendi o quanto era importante reservar um tempo somente para mim. Finalmente, fui capaz de ver que eu era tão importante quanto todos os outros.

A carta também me ajudou a reconhecer meus defeitos e encarar certas situações em que havia sido menos que perfeita. Enquanto estava no meio de situações aparentemente ruins, era difícil ver a situação de forma geral. Agora que estava sendo capaz de analisar tudo o que havia acontecido, finalmente cheguei à conclusão de que nunca havia feito nada de errado intencionalmente. Sempre fiz o melhor que pude; eu não era uma pessoa ruim.

Também me tornei consciente do fato de que havia aprendido muito com meus erros, e sabia que iria me esforçar para nunca mais cometê-los. Esses chamados "erros" foram, na verdade, as maiores experiências de aprendizado da minha vida; posso dizer honestamente que sou grata por todos eles.

Não posso nem começar a colocar em palavras o quanto minha vida melhorou depois que escrevi essa carta. Atualmente, sou capaz de ver tudo a partir de uma perspectiva mais elevada e de me honrar. Isso é muito bom! Passei a me tratar com o respeito que mereço depois de não fazê-lo por muito tempo. Claro que, às vezes, ainda coloco as necessidades dos outros antes das minhas. Por tudo isso, sempre mantenho minha carta à mão, assim posso relê-la sempre que preciso ser lembrada de tudo o que aprendi.

Capítulo 5

Carta a um ente querido falecido

Embora o propósito de escrever as cartas seja permitir que pessoas em nossa vida saibam o quanto as amamos enquanto elas ainda estão aqui na Terra, podemos também iniciar uma cura escrevendo para os entes queridos que já passaram para o outro lado da vida. Quando escrevemos esse tipo de carta, permitimo-nos tirar toda a angústia de nosso coração e liberar uma grande quantidade de energia que guardamos por muito tempo. Posso lhe garantir que o destinatário da carta será capaz de sentir o que você está fazendo, e essa experiência de cura será maravilhosa para a pessoa também.

Marion, uma grande amiga minha, recentemente fez sua transição. Enquanto estava passando suas últimas horas na Terra, fui até o hospital com a intenção de lhe dizer o quanto ela significava para mim. Mas quando cheguei ao hospital, sua família estava se despedindo dela, então dei meia-volta e retornei para casa. Embora tivesse perdido a oportunidade, sabia que poderia colocar no papel tudo o que precisava lhe dizer, pois mesmo depois de sua partida, ainda estaria ciente do que eu havia escrito.

UMA CARTA A MINHA AMIGA FALECIDA

Sentei-me para escrever esta carta alguns dias depois, quando cheguei em casa depois do funeral. Era como se ela estivesse ali, enquanto eu estava juntando as palavras, foi uma sensação maravilhosa. Incorporei a carta, disse que estava ciente de que ela estava experimentando sua revisão de vida e que eu sabia, sem dúvida nenhuma, que seria uma experiência positiva. Ela realmente estava vivenciando o céu por causa de todo o bem que havia feito nesta vida.

Marion, como posso colocar em palavras o quanto você fez do mundo um lugar melhor? Você sempre, de bom grado, serviu a tantos em seu caminho, e sei que agora pode ver o quanto ajudou a todos nós. Isso não faz você se sentir ótima?! Aposto que nunca soube o quanto influenciou a todos. É muito triste que esteja vendo isso somente agora. Você inspirou todas as pessoas ao seu redor com amor, humor e preocupação.

Claro, também acrescentei algumas das histórias que havíamos compartilhado, e disse a ela o quanto eu a amava.

Todas as vezes que estivemos juntas, você me fez dar boas risadas. Sempre me senti muito bem em sua presença. Há poucas pessoas que têm o dom especial que você tinha. Sua energia era incrível, e você ainda fazia as pessoas sorrirem, mesmo quando você não estava bem. Não tenho palavras para te dizer o quanto amava você como ser humano, e sei que você se importava comigo da mesma forma. Nós nos entendíamos, éramos semelhantes em muitos aspectos. Nós duas colocamos os outros antes de nós mesmas (culpa nossa!) e fizemos tudo para os nossos filhos. Nenhuma de nós gostava de sair, mas se alguém estava em apuros, nós chegávamos em um segundo.

Éramos muito diferentes também. Por exemplo, você sempre dizia o que pensava. Eu queria muito poder expressar minha opinião assim!

Foi um alívio escrever tudo isso. Continuei dizendo-lhe o quanto eu a amava, e terminei:

Marion, chega de confetes. Você sabe que a amo. Por favor, mande-me notícias em breve. Muitos abraços de anjos, Karen.

Eu mal sabia o quão rápido ela viria me contar que estava ciente da carta que eu havia lhe escrito! No fim de semana seguinte, quando estava descendo as escadas para colocar as cartas na minha caixa de correio, um pássaro cinza voou tão rápido em minha direção que pensei que ele iria bater bem no meu peito! Ele sentou sobre a caixa do correio e ficou me observando enquanto eu colocava os envelopes lá dentro.

Em seguida, gritou: "waaaa!". E olhou diretamente nos meus olhos.

Ele fez de novo: "waaaa". O pássaro estava tentando chamar minha atenção de todas as formas, e eu imediatamente soube que era Marion. (Aqueles que atravessaram são capazes de usar sua energia para entrar em um pássaro ou em qualquer outro animal para que saibamos que estão ao nosso redor. Discutirei esse assunto no capítulo 11.)

"Marion", eu comecei a chorar. "Marion, oh! meu Deus, Marion!"

Imediatamente, liguei para o meu filho, que estava dentro de casa, e gritei: "Depressa, venha aqui fora. Marion está aqui!".

Ele saiu com um olhar confuso e, em seguida, viu o pássaro ainda gritando e olhando para mim. Comecei a andar em direção à minha casa e o pássaro me seguiu.

Se os meus vizinhos tivessem me ouvido, tenho certeza de que iriam achar que eu havia enlouquecido! Estava falando para o pássaro em voz alta: "Marion, eu a amo. Estou muito feliz por você estar bem!". Depois do que pareceu uma eternidade, o pássaro voou. Entrei, chorei e lhe agradeci por ter me dado um presente tão maravilhoso: avisar-me que estava bem.

No dia seguinte, descobri que ela havia aparecido como um pássaro para Carol, uma amiga em comum. Um pássaro, de alguma forma, foi capaz de entrar no refeitório da escola onde Carol trabalhava e, em seguida, começou a voar. Carol soube que era a querida amiga Marion querendo lhe mostrar que estava lá.

Pouco tempo depois, recebi um e-mail de Carol relatando como outro pássaro havia voado em sua cozinha e feito uma enorme bagunça nas paredes e no piso. Mais uma vez, Carol estava ciente de que era Marion, pois essa atitude era típica do seu senso de humor único.

Desnecessário dizer que Carol e eu estamos muito felizes por nossa querida amiga ter nos dado sinais de que continua por perto. Marion também já fez inúmeras aparições para outros membros da família e amigos por meio de mensagens e sonhos, e ainda aparece como diferentes aves no momento certo.

Não tenho como expressar o quanto a carta para Marion me ajudou. Claro que o fato de saber que ela estava por perto e ciente de tudo o que eu havia lhe escrito facilitou muito. Fui capaz de realmente compreender, muito mais profundamente, que a nossa amizade não acabou porque seu corpo físico morreu. O mais incrível foi quando ela confirmou que continuava existindo, aparecendo para mim (e para seus outros entes queridos) alguns dias depois que havia solicitado na última linha da minha carta que gostaria de ter notícias dela em breve.

Fico feliz por Marion continuar nos dando maravilhosos sinais, deixando-nos saber que ela está aqui. Não é nenhuma surpresa ver que ela continua mal-humorada como quando estava no corpo físico. Essa é sua verdadeira essência, e, felizmente, o jeito que ela *sempre* será!

CAPÍTULO 6

Cura recebida pela revisão de vida

Sem dúvida, a minha vida e a vida daqueles ao meu redor foram curadas em muitos níveis por causa das cartas que escrevi. As respostas que recebi nem sempre foram as que eu esperava, mas os resultados sempre foram positivos.

ESFORÇOS PARA MANTER
ESSA PAZ COM OS OUTROS

É maravilhosa a paz que os outros e eu recebemos por eu ter escrito essas cartas, mas meu plano é manter essa harmonia por muito tempo após esses escritos. Ao longo da vida, questões boas e más vão surgir, e eu sei que devo continuar a ver as coisas por meio dos olhos de cada pessoa que eu encontrar. Embora nem sempre possa entender o porquê de as pessoas agirem de determinadas maneiras, sempre tento ver de onde elas vieram. Sim, às vezes me frustra quando vejo que a pessoa vem de um lugar sem amor, mas tento não adicionar mais energias negativas para a situação, e isso realmente ajuda. Também sei que ainda posso manter a paz com meus entes queridos que fizeram a transição. Eles estão absolutamente cientes das minhas palavras e continuam me lembrando de que estão por perto. É muito reconfortante saber que o nosso amor um pelo outro sobreviverá para sempre.

MANTENDO A PAZ COMIGO MESMA

Ao longo de tudo isso, continuo com o processo de paz comigo mesma, certificando-me de lembrar que sou tão importante quanto os outros. Como resultado, posso dizer com sinceridade que estou contente com todos os aspectos da minha vida atual.

Por muitos anos cuidei e dei amor aos meus filhos, e nunca quis que tivesse sido diferente. Atualmente eles já estão crescidos e certamente é o momento perfeito para eu cuidar da minha própria vida. Estou em um relacionamento maravilhoso com Ken, que faria qualquer coisa por mim e me trata como se eu fosse a pessoa mais importante do mundo. Temos muito em comum, rimos o tempo todo, falamos sem parar sobre tudo e qualquer coisa, e gostamos da companhia um do outro. Ele também me ama por quem eu sou, e me encoraja a ser tudo o que posso ser. Sinto-me e ajo como se fosse muito jovem, e isso é muito bom, pois ele é muito mais jovem do que eu. No passado, teria me preocupado com o que as pessoas pensariam de mim, mas agora sei que realmente não importa o que os outros pensam. O que importa é como Ken e eu nos sentimos. Estamos indo muito bem, e posso afirmar que nunca estive tão feliz.

Comecei a fazer pequenas coisas durante o dia para me mimar. Recentemente, tirei um dia de folga, coisa que não fazia havia muito tempo, relaxei e escrevi algumas palavras para este livro. Quando me cansei, coloquei o laptop de lado e tirei uma soneca merecida. No passado, nunca teria tido tempo para fazer nada disso. Na verdade, não me lembro de ter tirado um dia de folga antes disso, apesar de ter o meu próprio negócio e criar minhas próprias horas!

Sim, finalmente estou me tratando com o respeito que realmente mereço, e é uma sensação maravilhosa. Sinto por ter esperado tanto tempo para me homenagear dessa maneira. Contudo, o que realmente importa é que eu mudei tudo isso, e o tempo de ser feliz é *agora*!

Na parte II, explico melhor como passar pelo mesmo processo que eu passei, e mostro como escrever diferentes tipos de cartas para si mesmo e para os entes queridos.

No capítulo seguinte, falarei sobre a carta que acredito ser a mais fácil de escrever: a carta de agradecimento. Esse tipo de carta expressa amor e admiração às pessoas.

Parte II

Como vivenciar sua própria revisão de vida

CAPÍTULO 7

Carta de agradecimento

Um grupo de mulheres inacreditavelmente dedicado participou do experimento de escrever cartas na mesma época que eu. Durante nossas reuniões mensais, discutimos como escrever as cartas, superar qualquer obstáculo, lidar com quaisquer sentimentos que surgissem pelo caminho e, nas últimas reuniões, como esse processo afetou todas as envolvidas. Apesar de muitas emoções inesperadas terem surgido, nós nos divertimos muito, e posso dizer com sinceridade que aprendemos muito umas com as outras. Pelo motivo de todas terem necessidades e expectativas diferentes, acabamos escrevendo tipos diferentes de cartas. O primeiro tipo de carta que discutimos e escrevemos foi a carta de agradecimento.

POR QUE ESCREVER UMA CARTA DE AGRADECIMENTO?

Muitos de nós reconhecemos quem são as pessoas mais importantes em nossa vida. Sabemos que sempre poderemos contar com elas, e assim não reservamos um tempo para dizer-lhes o quanto as amamos e admiramos. No entanto, os mais próximos geralmente são os que mais precisam escutar nossas palavras de incentivo e motivação.

Mesmo que falemos, verbalmente, aos nossos amados o quanto eles significam para nós, às vezes, essas simples palavras ditas de vez em quando, não expressam a extensão do amor por eles. Como parte do nosso experimento, perguntei às participantes se elas se sentiram guiadas para escrever uma carta com palavras de amor e motivação para as pessoas mais importantes de sua vida. Todos os resultados foram extremamente positivos, e alguns resultaram em uma mudança de vida. Como o caso da Kathleen, que soube compartilhar sua história muito bem.

A HISTÓRIA DA KATHLEEN

"Há muitos anos, após o falecimento da minha mãe, passei por um momento particularmente difícil na minha vida, por várias razões. Era abençoada por ter tido um maravilhoso e próximo relacionamento com a minha mãe, e havíamos dado suporte uma para a outra de várias formas durante anos. Ela foi uma enorme fonte de força emocional para mim quando eu estava criando a minha família e tentando equilibrar trabalho e todas as outras responsabilidades do lar.

"Na época da transição, eu estava passando por um momento muito difícil dentro da minha família. Procurei assistência de uma terapeuta maravilhosa, a qual me ajudou a iniciar o processo de cura. Sempre tive problemas para expressar meus pensamentos a certas pessoas em minha família, tinha medo de machucar seus sentimentos com o que poderia dizer. Felizmente, isso tem melhorado, mas quando a Karen sugeriu um projeto para que contássemos em forma de carta à nossa família o quão profundo eram nossos sentimentos, fiquei emocionada. O plano era escrever os pensamentos mais sinceros e entregá-los no Dia dos Namorados. Tenho uma família enorme e demorei para escrever todas as cartas.

"Posso dizer com sinceridade que foi um trabalho de amor e emoções verdadeiras. Cada página foi preenchida com os mais puros pensamentos e sentimentos, principalmente para os meus filhos. A carta para o meu marido combinou os pensamentos de todas as contribuições positivas dadas para a família e o nosso casamento, com minhas preocupações relacionadas ao futuro do nosso relacionamento. Quando terminei de escrever todas, senti-me como se tivesse purificado todo o meu ser. Chorei, ri e sorri durante todas elas.

"Ao discutir esses aspectos com a terapeuta, ela me olhou com calma, sorriu e disse: 'Em um mês essas cartas fizeram a você, o que os três anos de terapia não chegaram nem perto! Vejo paz em seu rosto'. Ela estava certa.

"Meus filhos leram as cartas com lágrimas nos olhos, e as guardaram em lugares seguros para o futuro. Uma das minhas filhas estava estudando fora e não se sentiu "forte o bastante" para ler a sua ainda, pois sabe que vai querer voltar para casa imediatamente.

"Minha filha mais nova, de quinze anos, disse-me que quer ler a carta muitas vezes quando for mais velha. (Eu a vi lendo-a algumas noites atrás, após ter discutido com uma amiga.)

"Para o meu marido, a carta deu a oportunidade para a discussão sobre nossa vida e o futuro. Ele ficou muito emocionado ao ler meus pensamentos e um pouco surpreso ao ler o conteúdo da carta.

"Aconselhei muitos dos meus amigos a fazerem o mesmo processo quando se sentissem preparados. A Karen está certa: geralmente deixamos coisas não ditas por muito tempo, e, às vezes, nunca temos a oportunidade para dizer o que realmente sentimos. Atualmente, sinto-me muito mais realizada após essa experiência de alteração de vida."

Kathleen percebeu resultados maravilhosos depois que escreveu tudo o que precisava dizer às pessoas mais importantes da sua vida. Sua família tem uma nova consciência de seus verdadeiros sentimentos, o que realmente tem ajudado a todos a se sentir melhor com relação a si mesmos e a Kathleen também. Ela finalmente conseguiu verbalizar o que havia mantido dentro dela por tanto tempo! Como sua terapeuta disse: "Em um mês, as cartas fizeram o que três anos de terapia não chegaram nem perto".

DICAS PARA ESCREVER UMA
CARTA DE AGRADECIMENTO

Esse tipo de carta é muito fácil de escrever, pois é totalmente positiva. Lembre-se de que o objetivo é fazer o destinatário se sentir bem. Você pode querer incorporar algumas ou todas as suas respostas das perguntas a seguir, quando estiver escrevendo a carta de agradecimento:

- ✓ Como essa pessoa faz a diferença em sua vida?
- ✓ Quais são as coisas que você ama ou admira nessa pessoa?
- ✓ Por que você é grata por ela estar na sua vida?
- ✓ Quais são as melhores qualidades da pessoa?
- ✓ Quais são alguns eventos que mostram o tipo de pessoa que ele/ela é?
- ✓ Como você se sente quando está com essa pessoa?
- ✓ Como a pessoa cresceu ou mudou para melhor?
- ✓ Por que você tem orgulho dela?

Você pode adicionar mais questões à lista. A ideia principal é mostrar às pessoas amadas o quanto você as ama e admira e o quanto sua vida é melhor por elas fazerem parte dela.

Você pode escrever essa carta a qualquer hora – em uma ocasião especial ou feriado, ou a qualquer tempo, apenas com o desejo de que os destinatários saibam o quanto eles significam para você. Posso assegurar que a carta terá um impacto profundo e positivo no destinatário, principalmente se ela chegar em um momento em que a pessoa estiver precisando.

Isso foi exatamente o que aconteceu comigo quando recebi algumas cartas inesperadas de agradecimento após o término do experimento.

MINHAS CARTAS INESPERADAS DE AGRADECIMENTOS

Recebi a primeira carta quando uma mulher muito especial do nosso grupo me ofereceu suas lindas palavras escritas à mão em nossa última reunião. Na carta, ela explicou como a experiência de escrever cartas lhe proporcionou "um profundo sentimento de paz". Fiquei muito feliz por ela ter dispensado seu tempo para fazer isso por mim, além de me mostrar que tudo o que havíamos feito nos últimos meses tinha realmente surtido diferença em sua vida.

Dias mais tarde, recebi um e-mail de outra mulher do grupo dizendo que havia "finalmente aberto mão do seu passado e renovado seu espírito". Em seguida, recebi e-mails e cartas em dias consecutivos. Uma moça explicou "agora tenho um melhor entendimento de por que sou quem eu sou". No entanto, outra relatou "pela sua orientação e doçura em todo esse processo, finalmente estou em paz".

Enquanto estava lendo esses relatos maravilhosos, percebi que os membros do grupo haviam escrito o mesmo tipo de cartas que havíamos discutido durante os últimos meses. Estava muito grata pelas palavras escritas, principalmente por elas terem chegado quando eu mais precisava. Veja, quando as recebi, estava trabalhando sete dias por semana e estava no ponto de exaustão. Estava pensando em jogar a toalha no trabalho, pois me sentia muito esgotada e, para ser honesta, não tinha certeza se tudo estava valendo a pena.

O recebimento das cartas me fez voltar aos e-mails que eu havia salvado dos meses e anos passados de clientes me dizendo o quanto eu havia mudado a vida deles. Demorei um pouco para encontrar os e-mails, mas quando os encontrei, fiquei muito feliz. Mal sabia o quanto todas aquelas palavras maravilhosas de motivação me ajudariam a ver que as horas que havia gasto no trabalho não haviam sido em vão.

As lágrimas escorreram pelo meu rosto quando li o que uma mulher escreveu: "Você não tem ideia do quanto minha fé estava enfraquecida, o que pensei que havia perdido você recuperou. Você realmente me salvou. Estou profundamente agradecida".

Outra disse: "Gostaria de lhe agradecer mais uma vez por tudo o que você fez por nós. Sua ajuda me trouxe uma sensação de conforto, entendimento e, o mais importante, a paz que nunca pensei que pudesse sentir depois de tudo que aconteceu conosco.

Meu mundo mudou para melhor. Você fez por mim o que nenhum médico, psiquiatra ou medicação já fez. Você renovou minha esperança e fé no Senhor e em seus anjos. O que você faz não é fácil, e eu gostaria de lembrá-la de que estamos muito gratos".

Enquanto estava folheando as cartas, lutando contra as lágrimas, eu li: "Palavras não podem expressar o sentimento maravilhoso de saber que não estamos sozinhos e que somos muito amados pelo Senhor e pelos anjos. Sou muito grata por ter encontrado alguém tão especial como você. Provavelmente você não faz ideia da diferença que tem feito na vida de tantas pessoas".

Continuei lendo outra carta: "Apenas gostaria de lhe agradecer muito. Minha mãe sempre me disse que se todos no mundo acendessem uma vela, o mundo seria mais claro. Sua luz é um farol. Queria que soubesse que é muito bom ficar perto de você. Seu amor é contagiante. Em agradecimento, acendi uma vela para seus anjos colocarem um pouco de amor extra na sua vida".

Em seguida, deparei com um e-mail que resumiu o que eu realmente precisava ouvir naquele momento: "Estou lhe escrevendo para lhe dizer que você mudou a minha vida. Tenho tido um crescimento fantástico de renovação de fé e um novo relacionamento com os anjos. Karen, você e seu trabalho fizeram uma grande diferença na minha vida. Sou-lhe eternamente grata".

As palavras de motivação que recebi nesses e-mails e nas cartas renovaram minha paixão pelo meu trabalho e me animaram a continuar com o que acredito que seja minha verdadeira missão: servir e ser um instrumento de paz para os outros. Não posso começar a explicar o quanto sou grata por essas pessoas terem dispensado um tempo para me dizerem o quanto as ajudei. O engraçado é que elas não fazem ideia da diferença que fizeram na minha vida. É por essa razão que estou escrevendo, para que todas saibam o quanto lhes sou grata pelo incentivo e pelas palavras de amor.

Elas me incentivaram literalmente para que eu pudesse continuar ajudando os que encontro em meu caminho.

OS BENEFÍCIOS DE ESCREVER UMA CARTA DE AGRADECIMENTO

Você adoraria escutar que fez a diferença na vida de alguém? Tenho certeza que sim! Agora tente entender como pode clarear o dia de alguém fazendo esse exercício.

Se você der para os seus amados ou pessoas que tenham causado um impacto positivo em sua vida uma carta, eles saberão o quanto são admirados e amados por você. A melhor parte é que poderão reler as cartas mais tarde e receber seus benefícios por muito tempo.

Quem sabe, você ainda pode receber uma carta de agradecimento dos seus amados, dizendo-lhe o quanto fez a diferença na vida deles também! Isso seria fantástico!

No próximo capítulo falarei sobre uma carta que é um pouco mais difícil de escrever: a carta de perdão. Mostrarei como escrever esse tipo de carta e explicarei os benefícios de escrevê-la quando você precisa perdoar alguém ou quando precisa ser perdoada.

Capítulo 8

Carta de perdão

Enquanto juntava pensamentos para começar este capítulo, contemplei uma citação de São Francisco de Assis, que eu havia pintado em minha parede: "Senhor, faça-me um instrumento da sua paz". Só de ler e sentir essas palavras dentro de mim, experimentei um grande sentimento de paz.

Se você passar pela vida, oferecendo amor a todas as pessoas que conhece, você vai sentir tranquilidade na sua própria vida. Isso porque qualquer energia que dá, com certeza receberá de volta – se não for agora, será mais tarde.

A energia positiva e de amor de Deus está dentro de todos nós. Quando essa energia está no mais puro nível, preocupamo-nos em servir os outros e ajudá-los. Estando a serviço dos outros, recebemos tudo de que precisamos. Em outras palavras, o que damos aos outros, recebemos de volta. Isso sempre acontece. É importante ver o ponto de vista das pessoas e realmente ouvi-las. Se elas se sentem ouvidas, não têm contra o que lutar. É assim que a verdadeira paz começa. Deepak Chopra disse: "Quando você baixa todas as defesas, não há nada para atacar".

Como afirmei anteriormente, em outra vida você sentirá como você afetou os outros com suas ações durante sua vida aqui na Terra. Nesse ponto, você vai, mais uma vez, tomar consciência de quem você realmente é, sem ego ou anexos corporais – conectado a tudo e todos.

Claro, você não tem de esperar após a sua morte para sentir como você tem afetado os outros. Sua paz interior é uma clara indicação de como você está vibrando nesta vida e de como está tratando os outros e a si mesma. Se você não está experimentando essa harmonia, olhe para dentro de você e veja se há alguém que você precisa perdoar ou se você precisa ser perdoada por alguém. Lembre-se, a verdadeira paz não está em se concentrar nos problemas que você tem com os outros; ao contrário, está em focar-se em soluções para esses problemas. Se você realmente for capaz de ver o ponto de vista da outra pessoa, será capaz de começar o processo de cura e tomar todas as medidas necessárias para resolver o conflito. Uma ótima maneira de começar esse processo é escrever tudo isso em uma carta de perdão.

POR QUE ESCREVER UMA CARTA DE PERDÃO?

Dizer aos entes queridos o quanto eles significam para você pode ser uma coisa fácil se você estiver expressando o seu amor e sua admiração a eles. Uma carta muito mais difícil de escrever é aquela em que você busca o perdão. No entanto, essa carta é verdadeiramente a que será mais benéfica para você e para a pessoa a quem você está escrevendo, e deve ajudá-la a liberar uma grande quantidade de energia negativa que você tem segurado por muito tempo.

Se a carta que você está escrevendo é aquela em que você está tentando perdoar alguém, analisar o ponto de vista da outra pessoa é fundamental. Como Einstein disse: "Um problema nunca pode ser resolvido com a mesma energia com a qual começou".

Ficar com raiva não só fere a outra pessoa, mas você também. Se cultivar as sementes do amor, as ervas daninhas do ódio simplesmente definharão.

A carta de perdão também é benéfica se é você quem precisa ser perdoada. A verdadeira cura vem quando você é capaz de ver a sua parte, assim como a parte da outra pessoa, em qualquer situação. Quando os outros sentem que realmente estão sendo entendidos, provavelmente começam a tentar entender você melhor.

CARTA PARA PERDOAR ALGUÉM

Quando você começar a escrever uma carta de perdão, por favor, certifique-se de incluir alguma coisa que ama ou aprecia na pessoa. (Consulte o capítulo anterior.) Essa atitude permite que o destinatário veja que você está vindo de um lugar de amor. Além disso, lembre-se sempre de não atacar. Se os destinatários se sentirem ameaçados, não estarão abertos para compreender o seu ponto de vista. Quando estiver escrevendo, pense em como se sentiria se você fosse a outra pessoa. Os destinatários serão receptivos somente se se sentirem seguros e não julgados.

Como Neale Donald Walsch afirma: "Você pode falar a sua verdade, mas suavize suas palavras com paz. Diga a sua verdade gentilmente e com compaixão do ouvinte. Procure dizer o que precisa ser dito com maciez e com o coração totalmente aberto".

Dessa forma, você fará muita diferença, tanto para você quanto para o destinatário. Você não precisa concordar com o que a pessoa fez, mas pelo menos vai começar a entender a situação a partir de uma perspectiva mais ampla. Lembre-se de que a paz interior não vem de uma mudança de circunstâncias, ela vem a partir de uma transformação em sua percepção das atuais circunstâncias.

Finalmente, conclua as cartas de perdão com uma observação positiva para que, após lê-las, os destinatários continuem experimentando sentimentos edificantes a partir de suas palavras. Essa impressão duradoura pode ser o aspecto mais importante de todo o exercício.

Depois de escrever a carta de perdão, você pode decidir se quer ou não enviá-la. Se não quiser, não a envie! Sempre confie em seus instintos. Pelo menos você será capaz de liberar seus anexos negativos com o que aconteceu, e, em um nível energético, a outra pessoa sentirá o que você escreveu. Por outro lado, se você decidir enviar a carta, o destinatário vai ver que você está tentando remediar a situação, e isso deve ser muito benéfico para ambos.

ESCREVER UMA CARTA DE
PERDÃO PARA SER PERDOADO

Quando você escreve uma carta pedindo para ser perdoada, inicie-a como uma carta de agradecimento. (Consulte o capítulo anterior.) Depois de dizer o quanto você ama e admira a pessoa, você pode discutir por que se arrependeu do que fez. No entanto, por favor, seja gentil a si mesma e dê detalhes do seu ponto de vista sobre o porquê tomou determinadas atitudes, para que a outra pessoa seja capaz de entender melhor a situação. Diga que nunca quis machucá-lo(a). Em seguida, explique o motivo pelo qual gostaria de voltar atrás e por que está arrependida.

Lembre-se de não terminar a carta com tom negativo. Mais uma vez, escreva à pessoa o quanto você a ama e adicione mais declarações motivadoras. Se suas observações finais forem positivas, a pessoa terá uma impressão pacífica de maior duração.

Depois de concluir a carta, como disse anteriormente, procure dentro de si mesma para decidir se deve ou não enviá-la. Para esse tipo de carta, você, com certeza, receberá um resultado muito favorável se permitir que a outra pessoa leia o que escreveu.

Após esse processo, você vai se sentir revigorada e em paz. Com essa nova liberdade encontrada, experimentará mudanças positivas em sua vida, incluindo mais coragem e um aumento de sensação de união com os outros. Uma professora do ensino médio de New Jersey experimentou essa maravilhosa transformação depois de escrever uma carta de perdão ao seu irmão. O objetivo da carta era duplo: ela queria que o irmão soubesse que ela o havia perdoado, e queria ser perdoada também.

Professora do ensino médio encontra a paz com seu irmão

Uma das minhas clientes favoritas, Caroline, tinha muitas emoções estocadas havia muito tempo. A seguir, suas próprias palavras, que descrevem a forma como a experiência de escrever cartas a ajudou a curar o seu relacionamento com o irmão, e também permitiu que ela se tornasse uma pessoa mais forte e assertiva.

"Filha mais velha, eu era sempre lembrada de que era a responsável pelo meu irmão e pela minha irmã. Sempre que erravam, a culpa era minha, e era meu trabalho protegê-los. Escrevi minha primeira carta de perdão à minha irmã depois que me mudei da casa de meus pais. Trinta anos mais tarde, escrevi uma carta muito atrasada para o meu irmão. Vivi com essa culpa por muito tempo.

"Escrever a carta me trouxe memórias estressantes e lágrimas de emoção, mas também doces e sinceras lembranças de bons tempos passados. Ainda estou abismada como tive coragem de escrever e enviar a carta. Esse foi o início de minhas assertivas.

Atualmente há um novo entendimento entre o meu irmão e eu. Tivemos uma infância difícil, mas sobrevivemos.

"Por quase quinze anos, tive muito pouco contato com meu irmão. Quando ele saiu de casa, consegui seu número de telefone por meio da companhia telefônica. O contato que eu tinha com ele era mínimo. Basicamente, só me certificava de que estava vivo e fazia questão de que ele soubesse que se precisasse de nós, ele poderia contar com a família. Ele nunca fez contato com meus pais ou visitou a casa da família até algumas semanas antes de nossa mãe falecer. Depois disso, nunca mais visitou nosso pai.

"Depois que nossos pais morreram, cheguei a convidá-lo para passar alguns feriados com a nossa família. Levou algum tempo, mas finalmente ele começou a vir à nossa casa no feriado de Ação de Graças e no Natal. Ele sempre falava muito pouco e parecia muito desconfortável, mas eu estava feliz que estávamos tendo pelo menos algum contato. Ele nunca abriu o jogo sobre si mesmo, e toda conversa que tínhamos era bem estranha. Essa situação perdurou por cerca de dez anos.

"Após enviar a carta de perdão, recebi a resposta por e-mail. E o nosso relacionamento tem sido muito mais confortável desde esse dia. Meu irmão me ligou várias vezes no ano passado só para dizer 'olá' e saber como estávamos passando. E atualmente parece se sentir muito mais à vontade comigo. Ele fala mais sobre o seu trabalho e pergunta sobre os meus filhos.

"No último Dia dos Namorados, ele me ligou e disse que se alguém merecia ser cumprimentada, esse alguém era eu. Disse isso três vezes em nossa breve conversa! Sei que foi sua maneira de dizer que me ama.

"Coincidentemente, ele me mandou um e-mail hoje dizendo o quanto adorou passar a Páscoa comigo e com a minha família. Ele me disse que eu parecia muito feliz e contente com a vida. Eu lhe disse que tenho trabalhado para encontrar minha paz interior e, possivelmente, poderíamos falar sobre isso algum dia, em breve.

"Quando nos reunimos como grupo para discutirmos a escrita da nossa carta, fiquei muito surpresa por conseguir compartilhar minha experiência. Entender essa nova autoafirmação me surpreendeu. Nunca fui capaz de falar na frente dos colegas. E essa nova força dentro de mim apareceu em todos os aspectos da minha vida. O carinho e o amor que senti com todas essas mulheres, deram-me confiança para eu me expressar. E conseguindo me expressar, sei que estou no caminho para a cura."

Vi em primeira mão a mudança maravilhosa que Caroline sofreu desde que escreveu a carta para o irmão. Ela está incrível e muito mais confiante e em paz com ela mesma e com os outros! A melhor parte foi a resposta positiva do irmão às suas palavras. Uma grande parte do seu sucesso deveu-se ao jeito como escreveu. O tom usado foi extremamente gentil e encorajador; ela viu os acontecimentos de sua infância pelo ponto de vista dele; responsabilizou-se e pediu para ser perdoada pelo que havia feito, e usou palavras encorajadoras e positivas. Aqui estão apenas algumas das muitas belas palavras que ela transmitiu ao irmão:

> Estou muito feliz que o tempo que passamos juntos recentemente abriu o meu coração em muitos aspectos. O que me entristece é que deixei muito tempo passar antes de chegar até você. Passamos por experiências semelhantes durante a nossa infância, mas nenhum de nós dispensou um tempo para entender como essas experiências afetaram o outro. Por favor, aceite minhas sinceras desculpas por não ter lhe dado apoio quando precisava. Eu estava ciente de tudo o que estava acontecendo, mas nós nunca discutimos os seus problemas.

Ela terminou sua carta assim:

Estou lhe escrevendo para lhe dizer que eu o amo. Tenho muito orgulho de quem você se tornou. Você é uma boa pessoa, com um coração muito caridoso. Por favor, perdoe-me por qualquer mágoa do passado ou falta de apoio da minha parte. Estamos nesta vida juntos, e cada dia é um novo começo. Estou feliz que você é meu irmão, e estou aqui de braços e coração abertos.

Quando Caroline conseguiu colocar seus sentimentos no papel e teve coragem suficiente de enviar a carta para o irmão, foi capaz de se conectar com ele em um nível muito mais profundo, e sua relação atualmente é melhor do que nunca. Seu irmão passou a se sentir compreendido e amado, e quer muito fazer parte de sua vida de novo. Suas palavras criaram paz entre eles, algo que ambos precisavam desesperadamente havia muitos anos.

Por meio do processo de escrever a carta, Caroline foi capaz de liberar sentimentos que havia guardado dentro de si por um longo período. Como bônus adicional por toda essa experiência, ela ressurgiu muito mais autoconfiante do que ela jamais foi. Graças a Deus, finalmente se vê como a pessoa que sempre foi: linda, amorosa, mulher poderosa. E eu me sinto honrada por ter passado por toda essa experiência de cura com ela.

QUANDO PERDOAR É DIFÍCIL

Pode haver momentos em que perdoar alguém pode parecer quase impossível, pois você pode ter sido muito machucada. É durante esses momentos que seria extremamente benéfico realmente analisar a situação pela perspectiva da outra pessoa. Só depois disso você será capaz de começar a entender por que a pessoa tomou certas atitudes. Essa ação deve ativar uma cura maravilhosa dentro de si mesma.

Assim foi com Donna, cuja mãe a havia maltratado ao longo de toda sua vida.

Donna passou a vida buscando a aprovação e o amor de sua mãe, mas nunca os conseguiu. Ao longo dos anos, foi física e emocionalmente abusada várias vezes. Isso fez com que ela se sentisse indigna de ser amada. Às vezes, o abuso verbal da mãe era pior do que o físico. Mais triste ainda foram os momentos em que a mãe ignorou as situações em que os outros abusaram dela mental e fisicamente.

Quando criança, Donna rezava o rosário todos os dias pedindo a Deus que permitisse que ela morresse para que não precisasse lidar mais com a ira da mãe; sua dor era insuportável.

Ao longo dos anos, ela tem procurado todos os meios possíveis para sua cura: terapia, oficinas, livros ou qualquer outra forma de ajuda para libertá-la dessas feridas do passado. Alguns métodos exigiam que ela fizesse meditações para curá-la dos traumas de infância, mas, mesmo durante esses exercícios, ela não conseguia visualizar pacificamente a mãe.

Depois de participar de algumas de nossas reuniões de redação de cartas, Donna decidiu escrever uma carta para perdoar a mãe, que havia morrido alguns anos antes. Não é preciso dizer que foi extremamente difícil para ela, mas, após algumas tentativas, ela conseguiu.

De acordo com Donna: "Ver tudo com os olhos de minha mãe me ajudou a entender as coisas por uma perspectiva diferente. Finalmente, percebi que os problemas da minha mãe começaram por causa de sua própria disfunção. Vi que ela não me tratava daquele jeito porque eu não era boa o suficiente; e, de repente, o que ela fez para mim não importava mais".

Depois de escrever a carta, Donna conseguiu fazer meditações guiadas à época de quando era uma criança, o que já havia tentado tantas vezes sem sucesso. Agora já era capaz de entender que a mãe tivera problemas com o próprio passado, decorrente de ser a mais nova de nove filhos. Com essa percepção,

Donna começou a perceber o motivo de a mãe não ter sido capaz de demonstrar carinho verdadeiro.

Donna ainda explicou: "Os terapeutas nos fazem refletir sobre nossos sentimentos, mas não sobre os sentimentos da pessoa que nos feriu. Eles não explicam os motivos pelos quais essas pessoas agiram de determinada maneira. Agora tenho uma melhor compreensão do motivo pelo qual ela não era uma mãe amorosa. Ela não poderia ser, pois nunca recebera amor".

Donna percebeu que ela havia "casado" a mãe quando estava com seu primeiro marido, que também a machucava mental e fisicamente. Muitas vezes, as vítimas de abuso continuam em relacionamentos que são abusadas até que possam resolver seus conflitos interiores. Felizmente, antes da experiência de escrever cartas, Donna conheceu um homem maravilhoso, amoroso, que a adora e também à sua família, e que a trata com o respeito que ela sempre desejou.

Gostaria de acrescentar que as vítimas podem carregar os mesmos abusos para sua própria vida, ou podem aprender a partir deles. Por conhecer sua linda família, tenho certeza de que Donna aprendeu com sua infância o que não se deve fazer. Ela é totalmente dedicada ao marido, aos filhos e aos netos – e tudo isso valeu muito a pena. Sua família a adora, e com razão, pois eles são os amores de sua vida.

OS BENEFÍCIOS DE ESCREVER UMA CARTA DE PERDÃO

Você será curado em muitos níveis quando perdoar as pessoas em sua vida. Escrever uma carta de perdão com a intenção de ver tudo por meio dos olhos da outra pessoa é a maneira perfeita para começar. Primeiro, pergunte a si mesma se você estivesse no lugar da outra pessoa se você poderia ter feito algo diferente. Em seguida, tente visualizar a situação e tudo o que estava acontecendo com a pessoa na época.

Para aqueles momentos em que você sente que não fez nenhuma contribuição negativa, tente visualizar o que estava acontecendo na vida da outra pessoa. Você pode até precisar olhar mais para trás para ver o que ocorreu na infância da pessoa. Isso deve ajudá-la a compreender as ações negativas da pessoa por uma perspectiva mais ampla. Como Neale Donald Walsch afirma com perfeição em seu livro *The storm before the calm* (A tempestade antes da calmaria): "Ninguém faz qualquer coisa inadequada, dado ao seu modelo do mundo".

Por favor, entenda que não estou dizendo para perdoar as ações das pessoas, mas sim a pessoa, pois, como o grande Mestre Jesus disse: "Perdoa-lhes, porque eles não sabem o que fazem". Quando você realmente entender esse conceito, milagres ocorrerão em sua vida, e você vai se sentir uma nova pessoa.

Na realidade, não perdoar alguém a machuca muito mais do que a outra pessoa. Não deixe que emoções negativas envenenem sua vida. A partir deste momento, crie seu mundo com amor e compreensão. Mude o foco de raiva e julgamento para alegria e motivação. Solte a negatividade do passado e permita que apenas a luz brilhe em seu presente. Você verá, depois de ter escrito a carta de perdão e ter se livrado das mágoas passadas, você realmente estará em uma estrada muito mais brilhante, com um futuro muito mais feliz.

No próximo capítulo será abordado como escrever a carta, que acredito ser a carta mais importante de todas: a carta para si mesma. Explicarei também o quão essencial é continuar a amar e respeitar a si mesma muito tempo depois de ter escrito essas palavras no papel.

Capítulo 9

Carta para si mesma

As cartas para nós mesmas talvez sejam as mais difíceis, porém são as mais benéficas de todas. Temos a tendência de direcionar o foco interno olhando para os outros em vez de nos olharmos. Quando nos concentramos em nós mesmas, muitas vezes somente notamos o lado negativo, e não vemos as qualidades positivas que temos.

POR QUE ESCREVER UMA CARTA PARA SI MESMA FUNCIONA?

Se fôssemos capazes de perceber nossa vida sob um ponto de vista amoroso, sem julgamentos, iríamos compreender tudo de forma mais ampla. O propósito de escrever esse tipo de carta é, com essa nova visão, sermos capazes de identificarmos o motivo de algumas atitudes e decidirmos quais as mudanças a fazer para o futuro. O mais importante é começarmos a ver nós mesmos como Deus nos vê: como seres excepcionais, adoráveis e magníficos que realmente somos.

Isso foi exatamente o que aconteceu com Linda depois que escreveu uma carta para si mesma. Ela fala dessa experiência: "é como receber uma cura maravilhosa e uma pacífica resposta às orações".

"Escrever uma carta para mim mesma foi talvez o maior instrumento de cura que já experimentei. Fechei meus olhos e rezei para que Deus, meu anjo da guarda e os arcanjos estivessem comigo para me ajudarem a escrever a minha carta. O que aconteceu foi surreal. Comecei a escrever tudo, desde o início da minha infância. Vi-me como aquela menina doce, com tranças. A escrita foi rápida e sem esforço. Senti as palavras sendo ditadas por alguém. Quando terminei, havia três páginas na minha mão que mantinham uma bela mensagem, dizendo-me o quão especial eu era e que estava na hora de me perdoar. Isso realmente me libertou.

"Soltei a caneta e senti grande alívio, juntamente com um oceano de paz e tranquilidade. Desde aquela noite, senti-me em paz. Sou grata por ter recebido uma resposta às minhas orações!"

Linda já passou por muitas situações, mas ainda tem uma visão positiva sobre a vida. A carta a si mesma foi a mais benéfica. Com ela, Linda obteve a paz que havia procurado por tanto tempo. Estava muito feliz com o resultado.

Para algumas mulheres, a escrita das cartas era um desafio maior por causa das várias memórias dolorosas. No entanto, no fim, todas valeram a pena. Para Carol, era muito difícil lembrar-se de certos acontecimentos do seu passado.

"Quando comecei a carta para mim mesma, os pensamentos começaram a correr pela minha mente. Lembranças dolorosas ficaram passando pela minha cabeça. Minha caneta não conseguia acompanhar o fluxo de incidentes da vida. Era como uma revisão de vida, a partir de ontem e voltando no tempo até que vi uma alegre menina de quatro anos de idade, feliz em toda sua pureza. Respirei fundo e percebi que estava cheia de alegria e entusiasmo pela vida. Foi onde escolhi estar agora!

"Tentei por dias anotar as coisas que amava sobre mim, mas essa tarefa foi tão frustrante que tive de parar. Queria sentir os bons momentos de quando me vi como uma criança bonita. Durante o curso das próximas seis semanas, essas memórias estressantes ressurgiram enquanto estava dirigindo, tentando dormir ou quando não estava ativamente envolvida em alguma coisa. Em vez de ficar deprimida e alimentando essas emoções, disse a mim mesma que já havia perdoado todos os envolvidos, inclusive eu, e fiz um movimento como se quisesse expulsá-los pelo meu ombro esquerdo, para nunca mais voltarem. Essas memórias continuaram a inundar minha mente. Todas as vezes, lembrava-me de que já havia me perdoado e a todos os envolvidos também. Os pensamentos vêm com menos frequência e não são tão intensos, já estou sentindo a diferença!

"Meu ego sabe que estou liberando toda a negatividade e permitindo que toda a beleza, alegria e espírito me preencham. Sempre soube que esses atributos positivos estavam dentro de mim, mas não estava me permitindo recebê-los. Estou muito orgulhosa de mim mesma, pois estou indo na direção certa; vou continuar vivendo uma vida de agradecimentos e levando alegria para os outros. Sinto-me muito abençoada. Dentro da minha alma há um rosto sorridente!

"Sempre fui uma pessoa extremamente ativa e nunca tive tempo para pensar ou descansar. Estava com medo de onde meus pensamentos me levariam.

Agora sei que é o silêncio que me permite ouvir e estar em sintonia com o espírito.

"Dias antes da nossa última aula, escrevi o que eu amava sobre mim mesma. Foram três parágrafos descritos com muita facilidade, cheios de alegria, amor, felicidade e euforia. Estavam lindamente escritos com sinceridade e emoção. Será que escrevi isso? Sim!

"Será que superei o meu passado doloroso? Não totalmente, mas estou em um lugar melhor, onde a paz é realidade. Agora sei como me livrar dos pensamentos negativos e substituí-los com otimismo, amor e esperança. Posso dizer que eu me amo. Como tenho sorte de estar embarcando em um novo capítulo da minha vida aos 51 anos! Essa experiência me deu a oportunidade de perder o medo e me abrir para o amor e para novas experiências."

Mesmo o processo sendo difícil, quando Carol acabou de escrever a carta, obteve uma cura maravilhosa em sua vida. Ficou tão satisfeita com os resultados que decidiu espalhar sua recém-descoberta de conhecimento e paz e incorporou a experiência de escrever cartas em sua sala de aula.

Ela explica:

"Eu queria compartilhar meu novo entusiasmo pela vida com os outros. Desde que estou sempre tentando conectar-me com os meus alunos de uma forma que toque a alma deles, decidi usar a carta em minhas aulas de saúde. Quero que meus alunos acreditem em si mesmos e saibam que podem viver suas paixões e lutar pela felicidade.

"Para tornar mais fácil, elenquei oito perguntas para exame de consciência. Perguntei-lhes de tal forma que eles foram capazes de perceber as boas qualidades que possuíam e entender como poderiam transferi-las às suas paixões da vida e às escolhas de carreira. Muitos ficaram surpresos com a forma como os outros os viam, e estavam orgulhosos de quem eles eram e o que poderiam realizar. Na verdade, expressaram como o amor dos familiares e amigos lhes tinham dado a força para viver e perseverar em um ambiente de ódio e dificuldades.

"Fiquei muito feliz por termos sido capazes de ultrapassar os nossos pensamentos superficiais e descido até o fundo, para que pudéssemos encontrar nossas emoções significativas. Vou continuar usando esse conceito para ajudar os outros a encontrar o amor e a alegria em si mesmos e difundir esse milagre a todos."

Carol tem sido um instrumento de paz e é muito animador compartilhar seu conhecimento recém-adquirido com os outros. Ao longo de todo esse processo, ela foi capaz de deixar a negatividade de seu passado, perdoar a si mesma e às pessoas que a machucaram.

Ela continuou dizendo:

"Ao longo dos últimos meses perdoei os outros e a mim mesma das dolorosas experiências passadas. Aprendi a substituir os pensamentos negativos por otimismo e alegria. Sou grata por todos os meus dons, e sei que sou realmente abençoada. Acredito que posso inspirar outros a ver a beleza dentro de si, para que possam viver uma vida alegre e apaixonada. Estou no meu verdadeiro caminho na vida. Milagres esperam por mim!"

DICAS DE COMO ESCREVER UMA CARTA PARA SI MESMA

Agora é hora de você escrever a carta para si mesma. Lembre-se, o propósito é fazer com que se sinta melhor, e o tom da carta deve ser sempre positivo, amável e encorajador.

A seguir, algumas diretrizes, que poderão ser usadas. Não é necessário incluir tudo o que está aqui, mas seria interessante se você incluísse.

- ✓ Escreva como se você estivesse falando com alguém.
- ✓ Discuta por que você ama a si mesma.

- ✓ Mencione as realizações das quais você tem mais orgulho e suas qualidades.
- ✓ Escreva sobre o que pode fazer de diferente para se sentir melhor.
- ✓ Se está descontente com certas coisas que fez, diga que se perdoa e olhe os acontecimentos com um novo entendimento do motivo pelo qual você agiu de determinada maneira.
- ✓ Certifique-se de concluir a carta com palavras positivas e amorosas.

OS BENEFÍCIOS DE ESCREVER UMA CARTA PARA SI MESMO

Com os outros tipos de cartas você estava se concentrando em ver o ponto de vista dos outros. Claro, ao mesmo tempo em que é importante tratar os outros com respeito, você deve amar e valorizar a si mesma também. Se servir aos outros, a ponto da exaustão, não estará dando a si mesma o amor que precisa e se arrependerá de ter gastado toda sua energia.

Você não é menos importante do que qualquer outra pessoa; na verdade, se você se colocar em primeiro lugar, estará bem para ajudar e servir aos outros.

Como já disse, apesar da carta para si mesma ser a mais difícil de escrever, será a mais terapêutica.

Quando você começa a observar a si mesma a partir de uma perspectiva mais elevada, fica mais fácil enxergar suas qualidades positivas e descobrir quais as mudanças que poderá fazer para melhorar sua vida. Você também será capaz de perceber que fez o melhor que podia, dadas as circunstâncias da sua vida.

Outra grande vantagem desse tipo de carta é que você vai se tornar mais autoconfiante.

Depois de escrever a carta, Kathy, do nosso grupo de cartas, disse: "Sinto que reconquistei minha autoestima". Lauren declarou: "Essa carta realmente me libertou. Tenho mais autoestima e mais expectativas sobre mim e os outros".

Quando tiver plena consciência da sua importância, toda a sua vida mudará para melhor. No entanto, lembre-se de que esse é um processo contínuo e para honrar a si mesma você terá de dar prosseguimento a ele mesmo depois de ter escrito a carta.

DEPOIS DE ESCREVER
A CARTA PARA SI MESMA

Agora você saberá o que precisa fazer para tornar sua vida mais prazerosa. Utilize esse novo conhecimento para fazer o que for necessário para que isso se torne possível. Não dependa de outra pessoa para ser feliz, mas sim tome as atitudes necessárias para ser feliz.

Ao acordar pela manhã, olhe no espelho e diga: "Eu me amo! Prometo me fazer feliz hoje. O que posso fazer para que eu me sinta bem?". Ouça a si mesma e honre suas intenções. Não protele as coisas por você ser a última pessoa da lista de prioridades. Colocar-se em primeiro lugar fará com que consiga ajudar a todos.

E, por último, lembre-se de que a vida pode levá-lo a caminhos diferentes. Você pode querer escrever outra carta para si mesma em outro momento e, assim, reforçará o que aprendeu com a carta original. Nas cartas posteriores, você pode apenas querer adicionar algo àquela que já escreveu ou pode começar outra. Em qualquer um dos casos, você sempre será lembrada do quanto você ama, honra e tem orgulho da pessoa incrível que é – sempre que decidir revisar suas próprias palavras!

No próximo capítulo discutirei como escrever cartas para seus entes queridos falecidos e explicarei o motivo pelo qual escrever essas cartas pode curar, tanto você quanto os que já atravessaram para o outro lado da vida.

Capítulo 10

Cartas para os que já partiram

O que acontece se você quiser dizer certas coisas para entes queridos depois que eles já atravessaram para o outro lado? É tarde demais para que saibam o que você está sentindo? A resposta é não, não é. Escrever uma carta para um ente querido falecido permite que você obtenha as palavras certas para a pessoa e sinta-se melhor em muitos níveis.

Naturalmente, há inúmeras razões pelas quais você gostaria de escrever para o seu ente querido. A primeira razão seria a de tentar chegar a um acordo com certos problemas que tiveram enquanto ainda estavam por aqui.

PROBLEMAS NÃO RESOLVIDOS

Talvez você tenha tido problemas não resolvidos com o seu ente querido falecido, e tem guardado esses sentimentos de ressentimento, culpa ou vergonha por muito tempo. A carta permitirá que você libere uma grande quantidade de energia estagnada que tem armazenada dentro de si mesma.

Uma jovem mulher chamada Amy estava tentando resolver seus problemas de relacionamento com o namorado por algum tempo, enquanto ele ainda estava aqui na Terra. Amy mal sabia que sua conversa por telefone com ele naquela noite seria a última.

"Eu estava no telefone com o meu namorado, Chris, enquanto ele estava voltando para casa. No outro dia fiquei sabendo que alguém havia atirado nele e ele havia morrido. Foi rápido e absolutamente inacreditável. Eu não sabia o que pensar, fazer ou acreditar. Vínhamos discutindo mais do que o habitual e, quando estávamos tentando resolver o nosso relacionamento, ele morreu.

"Dois anos depois, comecei a escrever-lhe cartas, não como as habituais 'Sinto sua falta', mas cartas que discutiam nosso relacionamento. Senti que ainda havia questões que eu precisava trabalhar, mesmo sem ele estar presente fisicamente; eu queria resolver meus problemas emocionais. Fui fundo nos meus sentimentos. Escrevi as cartas como se ele estivesse sentado à minha frente. Muito choro e raiva precisavam ser liberados.

"Quando ele faleceu, não me foquei em nossos problemas, pensava somente no fato de ele ter ido embora. Estava me sentindo culpada por estar zangada com ele e assim continuei em um constante estado de luto. As cartas me deram a chance que nunca tive: falar com ele sobre nós. Pude liberar toda a minha raiva e frustração.

"Depois de um mês, conheci uma pessoa e estamos juntos até agora. Sei, no meu coração, que as cartas para o Chris permitiram que eu limpasse a mente e o coração. E assim, o universo pôde me trazer alguém carinhoso e gentil."

Primeiramente, Amy precisava se recuperar do trauma de ter perdido o namorado de maneira tão horrível. Alguns anos mais tarde, ela percebeu que precisava decidir sobre muitas questões não resolvidas em seu relacionamento. Por ter ficado totalmente paralisada, Amy as ignorou por muito tempo. Finalmente, ela conseguiu seguir em frente depois de ter expressado seus sentimentos nas cartas para o namorado falecido. A partir daí, foi capaz de atrair o que sempre desejou na vida: uma relação positiva, amorosa e saudável com um homem que a adorava.

COMUNICAÇÃO CONTÍNUA COM PESSOAS QUE JÁ PARTIRAM

Escrever cartas para os seus entes queridos falecidos também é a maneira ideal de manter a ligação viva com eles. Você pode obter muita paz escrevendo seus sentimentos a eles e sabendo que eles realmente estão ao seu redor e podem ver o que você escreveu.

Ryan, uma doce menina de doze anos de idade, que recentemente perdeu sua amada mãe após uma longa doença, encontrou conforto nas cartas. Lori, a mãe, apareceu durante uma aula que eu estava ensinando sobre como se comunicar com entes queridos falecidos. A mensagem de Lori à sua preciosa filha foi "continue escrevendo". Ryan conta sua história perfeitamente.

"Escrever para minha mãe é a única maneira de senti-la por aqui. Realmente, não posso fazer nada com relação à sua morte, mas ela pode me mostrar sinais. Algumas pessoas podem pensar que é loucura escrever para ela, mas sei que ela pode vê-las. Apesar da minha mãe não estar fisicamente comigo, não significa que ela não está aqui ao meu lado, vendo tudo o que estou passando.

"Para mim, a escrita é a melhor maneira de me comunicar com ela, sem ser por meio da Karen, pois se eu falar em voz alta com a minha mãe durante as aulas, as pessoas vão pensar que sou uma psicopata. Durante uma aula minha mãe não saiu do lado da Karen até que ela dissesse que me viu escrevendo para ela e que era para eu escrever o maior número de cartas possível. Ela queria que eu soubesse que ela estava cuidando de mim, mesmo não podendo vê-la ou senti-la.

"Mamãe, sei que você pode ver isso agora. Quero que saiba que eu a amo e sinto sua falta.

"O que estou prestes a escrever, provavelmente serve para todos. Como minha mãe disse: 'Lembre-se de mim como eu vivi e não como morri'."

É maravilhoso que Ryan percebeu que deveria escrever para a mãe regularmente! A mãe amorosa, Lori, confirmou que sabia que a filha havia escrito para ela quando lhe enviou uma mensagem bem no meio de uma aula. Coincidentemente, eu estava ensinando a reconhecer esse específico fato.

DICAS PARA ESCREVER UMA CARTA PARA UM ENTE QUERIDO FALECIDO

Muitas das diretrizes dos capítulos anteriores podem ser utilizadas com pequenas modificações quando as cartas forem destinadas aos entes queridos falecidos. Não é porque eles não estão presentes fisicamente para responder, que não estão cientes de que você lhes escreveu, pelo contrário, sempre sabem quando você escreve. A coisa mais importante para se lembrar é que eles podem entender o que você está sentindo, pois agora são capazes de ver as coisas a partir de uma perspectiva muito mais elevada.

Uma carta de agradecimento

Aqui estão apenas algumas das perguntas que poderão ser utilizadas em sua carta. Claro, você não tem de responder a todas, mas seria mais benéfico se assim fizesse.

- ✓ Como essa pessoa fez a diferença em sua vida?
- ✓ Quais são algumas das coisas que você amava ou admirava nessa pessoa?

- ✓ Por que você é grata por essa pessoa ter estado na sua vida?
- ✓ Quais são as maiores qualidades que essa pessoa tinha?
- ✓ Quais foram os eventos passados que mostram o tipo de pessoa que era?
- ✓ Como você se sentiu quando estava com essa pessoa?
- ✓ Como a pessoa cresceu ou mudou para melhor durante a sua vida?
- ✓ Por que você tinha orgulho dela?

UMA CARTA DE PERDÃO

Lidar com a dor de perder a pessoa amada é difícil por si só, e mais ainda quando você não tem um relacionamento perfeito com essa pessoa. Escrever uma carta de perdão é uma maneira eficaz para liberar essa energia negativa guardada dentro de si mesma por um longo tempo. Aqui estão algumas diretrizes para ajudá-la.

Quando estiver perdoando a pessoa:

- ✓ Certifique-se de incluir qualquer coisa que você amava ou admirava nela.
- ✓ Tente entender o que a pessoa fez a partir de uma perspectiva mais ampla. Em outras

palavras, veja a situação pelo ponto de vista dela. (Quando você for capaz de fazer isso, sentirá uma paz interior incrível. Entenda que essa paz não vem da mudança no que aconteceu, mas na mudança da sua percepção do que aconteceu.)

Quando quiser que a pessoa a perdoe:

- ✓ Comece a carta como uma nota de agradecimento. Depois de declarar o quanto aprecia a outra pessoa, expresse seu arrependimento pelo que fez.
- ✓ Seja gentil com você mesma e dê detalhes do seu ponto de vista a respeito do motivo que a levou a agir de determinada maneira.
- ✓ No fim, adicione mais algumas declarações positivas que deseja incluir e diga à pessoa a quem está escrevendo o quanto a amava.

UMA CARTA PARA MANTER SUA CONEXÃO

Você pode apenas querer que seus entes queridos saibam o que está fazendo e que está pensando neles. Para esse tipo de carta, basta escrever qualquer coisa que queira dizer, quantas vezes você se sentir guiada a fazê-la.

O QUE FAZER COM AS CARTAS DEPOIS DE ESCREVÊ-LAS

Depois de ter terminado de escrever as cartas, você poderá colocá-las em um lugar que seja especial para você. Isso vai lhe dar a segurança de saber que poderá reler as cartas a qualquer hora.

Você poderá realizar uma cerimônia especial, como a queima das cartas, como um símbolo de libertar suas palavras à medida que são entregues aos seus amados. Isso foi exatamente o que Marti fez depois de escrever para o seu amado pai, que havia falecido anos atrás.

"Escrever é uma ótima maneira de dizer a um ente querido todas as coisas que nunca pôde dizer, então escrevi uma carta para o meu pai. A carta me ajudou muito e me trouxe paz depois de todos esses anos. Escrevi como eu o amava e sentia muito por ele não ter acompanhado o nosso crescimento. Ele era jardineiro, e as rosas eram sua especialidade, então decidi plantar algumas rosas na minha varanda. Depois, queimei a carta no jardim e enterrei as cinzas nos vasos das rosas".

Ao escrever uma carta para seu pai, Marti foi capaz de obter o fechamento que ela havia procurado durante muitos anos. Conseguiu incorporar a escrita da carta em uma cerimônia em que ela simbolicamente juntou suas palavras com o próprio solo em que as flores favoritas do seu pai cresceram.

OS BENEFÍCIOS DE ESCREVER UMA CARTA A UM ENTE QUERIDO FALECIDO

Claro que é melhor dizer aos entes queridos o que quer enquanto eles ainda estão aqui, no corpo físico. No entanto, nunca é tarde demais, você pode fazer suas declarações depois que eles já atravessaram para o outro lado, e assim receberá uma enorme satisfação por expressar seus sentimentos a eles. Escrever cartas também é a oportunidade perfeita para dizer tudo o que você precisa dizer àqueles entes queridos que nunca foram capazes de ouvi-lo quando estavam fisicamente aqui. Seja qual for o seu objetivo: perdoar, ser perdoado ou apenas manter sua conexão com eles, agora eles são capazes de entendê-la como nunca a entenderam antes!

No próximo capítulo, explicarei como receber *feedback* de seus entes queridos depois de ter escrito as cartas a eles. Falarei sobre como a meditação vai ajudar a se conectar com eles, como eles podem vir até você, como se tornar mais perceptiva aos sinais e muito mais. Se você acha que não consegue se conectar com seus entes queridos, indico a leitura da seção sobre como encontrar um bom médium, que será capaz de fazer essa conexão para você.

Capítulo 11

Recebendo *feedback* dos seus entes queridos falecidos

Depois de ter escrito as cartas, seus entes falecidos podem tentar entrar em contato para que saiba que testemunharam seu esforço. Este capítulo vai lhe mostrar como identificar os sinais e como receber as mensagens que eles estão lhe enviando para que saiba que estão por perto.

A ESSÊNCIA DO NOSSO ESPÍRITO
IMORTAL É A ENERGIA

Estou realmente convencida de que quem tem interesse, pode aprender a se comunicar com os entes queridos falecidos. Antes de explicar como fazer isso, gostaria de falar sobre a essência de nossa alma. Partimos do princípio de que a energia de uma pessoa continua a existir mesmo depois que sai do corpo físico. Para as pessoas que precisam de uma explicação lógica, como afirma a lei da conservação da energia em física: a quantidade total de energia permanece constante. Em outras palavras, a energia pode ser convertida de uma forma a outra, mas não pode ser criada ou destruída. Por conseguinte, a energia do espírito sempre existiu e sempre existirá, e continua, mesmo depois da morte do corpo físico; ela simplesmente muda de uma forma para outra.

Gosto de comparar a energia da alma com a água. Se você colocar água em um copo e deixá-lo no meio da sala, ela vai acabar evaporando. Em outras palavras, a água ainda existe, mas, no fim, transforma-se em uma forma diferente; já não está confinada no copo, agora é capaz de penetrar na sala. O mesmo acontece com a alma depois da morte física. Ela deixa o corpo, mas continua a existir sem ele. Essa energia antes limitada ao corpo, agora está livre.

ENTES QUERIDOS MANTÊM SUA PERSONALIDADE

A personalidade de nossos entes queridos não muda depois que eles deixam este mundo. Por exemplo, as pessoas barulhentas chegam com uma presença enorme, as tranquilas, têm energia suave, as que eram engraçadas ainda são divertidas, e assim por diante. Em outras palavras, a energia é a mesma que sempre foi.

Quando meus clientes querem saber o que os entes queridos pensam sobre algo que está acontecendo em sua vida, sempre pergunto se eles ouviam os entes queridos quando estavam vivos. Se a resposta for *não*, lhes digo que eles não sabem de tudo só porque estão fora do corpo físico. Leva um tempo, quando estamos do outro lado da vida para aprendermos e avançarmos para níveis mais elevados.

Além disso, pessoas que recentemente desencarnaram, muitas vezes ficam muito ansiosas e querem que os entes queridos saibam que estão bem. Costumam ficar por perto e vigiam os vivos durante um tempo para ter certeza de que eles estão bem, e tentam avisá-los que estão lá.

Depois de certos períodos, o espírito segue adiante e evolui; e não tem mais aquela determinação em ficar por perto como tinha quando deixaram o corpo físico. Já estão mais ambientados do outro lado da vida e aprendendo coisas diferentes para avançarem para o próximo nível.

Mesmo depois que os entes queridos evoluíram, acostumando-se do outro lado da vida e seguindo adiante, eles ainda são capazes de chegar até você para que saiba que estão bem; contudo, o sentimento de urgência para se comunicar não é mais tão forte. Portanto, nesse momento, é um pouco mais difícil, mas não impossível, conectar-se com a energia deles.

CONEXÃO ATRAVÉS DA MEDITAÇÃO

Se você realmente quer se conectar com o outro lado da vida, o conselho mais importante que tenho é que você aprenda a meditar. Durante a meditação, você aquieta sua mente para que possa ouvir tudo o que está à sua volta. Orar é falar com Deus, enquanto meditar é ouvi-lo. Como em qualquer relacionamento, não é certo que só você fale e não escute a outra parte.

Tente reservar de 10 a 20 minutos todos os dias apenas com a intenção de aquietar seus pensamentos. É importante que saiba que não deve esperar mensagens durante a meditação. O verdadeiro benefício de meditar é aprender a limpar a mente. Se fizer isso com frequência, vai se tornar muito mais sensível às energias ao seu redor; e, assim, quando sentir que os entes queridos estão ao seu redor, será capaz de rapidamente voltar a esse estado calmo para receber quaisquer mensagens que estão lhe dando.

Antes de começar a meditar

O melhor é meditar no mesmo local e horário todos os dias. Não há problemas se não puder fazer isso todos os dias, mas pelo menos tente manter uma frequência razoável. Você deve se sentir confortável durante a meditação, portanto, use roupas confortáveis. Escolha um horário que não seja interrompido, e encontre um lugar tranquilo, onde se sinta calmo e relaxado.

Outro aspecto importante é criar um ambiente belo e pacífico ao seu redor. Você poderá colocar uma música suave de fundo e acender velas perfumadas. Você também pode invocar os anjos e mestres superiores para elevar a vibração do ambiente.

Maneiras simples para meditar

Uma das maneiras mais fáceis de iniciar a meditação é respirar e expirar profundamente. Comece contando suas exalações, e quando chegar na décima, você deve reiniciar o processo. Este método é muito simples, você conseguirá acalmar sua mente e manter o foco no momento.

Outra forma fácil é olhar para uma chama de vela. Quando você não conseguir mais manter os olhos abertos, simplesmente feche-os. Dentro de poucos segundos, vai começar a ver a chama em suas pálpebras fechadas. Quando a chama desaparecer, abra os olhos e olhe para a vela mais uma vez. Repita esse processo algumas vezes.

Lembre-se, não espere receber mensagens durante esse tempo de silêncio. A meditação simplesmente abre seus sentidos e intuição para receber mensagens mais diretas e claras quando aparecerem em seu cotidiano. (Medito todas as manhãs antes das minhas consultas, para me preparar para receber mensagens dos entes queridos falecidos durante o dia.)

Se achar que é difícil acalmar a mente, compre um CD de meditação, ele vai guiá-lo com os exercícios de relaxamento. Dispor de um tempo para relaxar enquanto ouve o CD ajuda a entrar em "modo de meditação". Depois de fazer a meditação guiada diariamente por um mês, tente esvaziar sua mente sem o CD.

TORNANDO-SE MAIS
CONSCIENTE DOS SINAIS

Além da meditação, há inúmeras coisas que você pode fazer para se conectar com os entes falecidos. O mais importante é se tornar mais ciente dos sinais. Saiba que eles querem se conectar com você tanto quanto você deseja se conectar com eles, e eles provavelmente estão tentando dar-lhe sinais para que saiba que estão por perto.

Por exemplo, se um carro cortá-la, olhe a placa. Pode ter as iniciais do nome do seu ente querido ou algum detalhe importante sobre essa pessoa. Além disso, note canções especiais que tocam na hora certa. Preste mais atenção em aromas ao seu redor que, logicamente, não deveriam estar lá, como o perfume, charuto ou cigarro, ou desodorante do seu ente querido. Além disso, preste atenção nos itens incomuns que você repetidamente encontrar, como moedas ou penas.

Esse é um exemplo da minha própria vida. No último dia que minha mãe estava consciente antes de morrer, ela disse a minha família e a mim que sentia muito por não ter podido comprar presentes de Natal para ninguém. (Ela não podia, porque estava muito fraca!) Ela prometeu nos recompensar no futuro. É claro que nós dissemos que estava tudo bem e pedimos para que ela não se preocupasse com isso.

Ela ainda não estava feliz por não poder nos dar os presentes, então se virou para mim e perguntou: "Karen, empreste-me sete dólares. Não se preocupe, vou lhe pagar de volta".

"É claro", respondi e rapidamente peguei sete notas da minha carteira e as entreguei a ela.

Ela pegou cada nota de dólar e as distribuiu para todos os sete de nós na sala, orgulhosamente, dizendo: "Um para ti, um para ti, outro para você...", até que todos os sete dólares fossem entregues. E assim ela ficou satisfeita de poder ter dado algo a todos nós naquele dia.

Depois que ela faleceu, esqueci completamente dessa história, até que comecei a encontrar notas de um dólar em lugares aleatórios. Um dia encontrei uma no meu assento do carro. No mesmo dia encontrei uma na minha porta de entrada e depois outra nota no meu escritório. No dia seguinte, encontrei uma no chão de casa.

Enquanto me perguntava por que estava achando todas aquelas notas de um dólar, senti a presença da minha mãe entrar na sala, e me dizer suavemente: "Oi querida. Disse que lhe pagaria de volta. Eu a amo com todo o meu coração".

Comecei a chorar e respondi: "Mãe, você não precisava me pagar. Eu a amo com todo o meu coração".

E quando pensei que tudo havia acabado, após um mês, uma amiga fez para mim uma "caixa de recordações", que continha fotos da minha mãe e outras lembranças. Na caixa, ela incluiu uma nota de um dólar. Ela disse que não sabia o motivo, mas que era necessário inclui-la na caixa.

Não vejo a hora de encontrar o restante dos dólares, pois amo receber esses sinais surpreendentes da minha mãe. É tão confortante saber que ela realmente está por perto e continua cuidando de mim!

(Como dito anteriormente, a personalidade dos nossos entes queridos falecidos continua a mesma depois que eles deixam o corpo físico. Quando minha mãe vivia na Terra, ela sempre fez questão de pagar suas dívidas. Não me surpreende que ela continue fazendo isso do outro lado da vida.)

Outra maneira muito comum que os entes queridos falecidos usam para nos dizer que estão por perto é usando sua energia para entrar em um pássaro, borboleta, libélula, joaninha, ou qualquer outro animal por pouco tempo. Você não precisa procurá-los porque eles vão encontrá-lo. Assim como aconteceu quando o pai amado de Rosemarie queria que ela soubesse que ele estava lá. Ele foi até ela como uma persistente e linda borboleta.

"Quando estava passeando pela praia no fim de setembro, em pensamento, pedi ao meu pai, que faleceu alguns anos atrás, para me ajudar e me dar algum sinal. Também pedi para ficar comigo, pois sentia muito sua falta. Assim que terminei de pensar, uma bela borboleta pousou sob os meus pés. Quando me inclinei, ela deixou que eu a pegasse. Então comecei a falar com aquela linda criatura. Enquanto a segurava na minha mão, ela abriu suas asas e permaneceu naquela posição sem se mover. Pude acariciar suas belas asas e seu corpo também. Quando comecei a caminhar, o vento começou a soprar, e então, de repente, a borboleta decidiu voar para o meu peito. Ela permaneceu lá por todo o percurso de volta e não se mexeu. Eu, então, aproximei-me do calçadão e me sentei num banco. Comecei a falar com a borboleta, e ela foi do peito para o cabelo, de volta para o peito e depois para a minha mão.

"Nesse momento, dois homens olharam e começaram a caminhar em minha direção. Um deles disse: 'Ei, você pegou uma borboleta!'. Respondi com um sorriso e uma risada: 'Não, na verdade foi ela que me pegou!'. Eles chegaram mais perto e a borboleta continuava na minha mão. Em seguida, voltou para o peito. Um homem perguntou se eu iria ficar com ela, e eu lhe disse que não, que ela era livre para ir para onde quisesse. Depois disso, o homem perguntou se eu a machucaria. 'Não', eu disse, 'Claro que não, ela é linda!'. O homem se aproximou ainda mais de mim, e, de repente, a borboleta voou para o céu e desapareceu.

"Deixei aquela praia e fui para outra. Quando cheguei, iniciei a meditação; ao olhar para cima, a mesma borboleta estava voando por todos os lados. Mas dessa vez não consegui segurá-la.

"E assim, chegou a hora de ir embora. Enquanto dirigia, abri o teto solar do carro. Quando olhei para cima, lá estava a mesma borboleta!

"Desde essa experiência, tenho visto muitas borboletas da mesma cor em vários lugares diferentes. A Karen me deu um livro chamado *Inspiration* (Inspiração), do dr. Wayne Dyer. Havia uma história parecida com a minha, e a imagem que ele usou na capa era igual a minha borboleta. Não consigo parar de pensar o quão incrível essa experiência foi para mim. Nunca vou me esquecer! Esse foi um verdadeiro sinal de que o meu pai estava comigo. Foi uma experiência única!

"Não tinha ideia de que meu pai estava me preparando para a travessia da minha mãe, alguns meses depois. Karen, desde então, ajudou-me a ver que ambos estão bem e por perto quando preciso deles. Só de saber que eles estão comigo me sinto confortada. Sou muito grata por toda essa experiência."

Foi maravilhoso que o pai de Rosemarie apareceu para a sua amada filha como uma borboleta, não só para lhe dizer que estava bem, mas também para avisá-la de que sua mãe também estaria bem quando ela fizesse sua transição e que iria se unir a ele alguns meses depois de sua gloriosa aparição na praia. Ele realmente lhe deu um magnífico presente e ela sempre vai se lembrar daquele vento, naquele mês de setembro, na costa de Nova Jersey!

CONECTANDO-SE ATRAVÉS DE SONHOS

Outra boa maneira de receber mensagens é pedir para que o ente querido chegue até você por meio de um sonho. Seja persistente e isso acontecerá. Você experimentará uma verdadeira visitação quando acordar e souber, sem sombra de dúvida, que ele esteve com você. O sonho é geralmente muito tranquilo e nunca assustador, então não se preocupe. (Sonhos que provocam medo vêm do seu subconsciente e não do seu ente querido.) Quando você tem uma verdadeira visitação do ente querido no sonho, este é muito mais real do que um sonho comum, e você provavelmente vai lembrar com detalhes, muitos anos depois.

É necessário acordar depois do sonho, ou não se lembrará dele. Portanto, quando pedir ao ente querido que a visite no sonho, certifique-se de dizer-lhe para acordá-la depois.

Fiz isso com a minha própria mãe. Depois que ela se foi, havia lhe pedido para vir até mim em um sonho, para que eu pudesse ouvir sua voz mais uma vez. Um dia fiquei em casa e tirei um cochilo. Enquanto estava dormindo, sonhei que estava em um lugar repleto de pessoas. De repente, a voz de minha mãe surgiu de um alto falante, e ela disse: "Tenho um comunicado importante! Tenho um comunicado importante! Eu estou aqui, e estou bem".

Depois que ela falou, perguntei: "Com quem você está?" e ela respondeu com uma voz muito baixa um nome que eu não consegui ouvir. Então pedi que ela aumentasse o volume da voz e repetisse o nome. Ela respondeu suavemente: "Nannie", que era como eu chamava a minha avó materna.

Em seguida, o telefone tocou e eu acordei, o que permitiu que eu lembrasse do sonho.

Quando acordei, senti como se tivesse ganhado na loteria. O sonho foi muito real, e eu sabia que a minha mãe realmente havia me visitado. Foi o melhor presente que ela poderia ter me dado!

FIQUE ABERTA ÀS MENSAGENS TELEPÁTICAS

Finalmente, por favor, entenda que o seu ente querido pode enviar-lhe mensagens telepaticamente, como pensamentos e sentimentos. Se você sentir ou pensar no seu ente querido de forma aleatória, a chance dele estar por perto é muito grande.

A chave para interpretar se o pensamento é seu ou dele é voltar para o que estava acontecendo dentro da sua cabeça antes do seu pensamento na pessoa. Você viu algo que te fez lembrar do seu ente querido ou aquele pensamento apareceu na sua cabeça de repente, sem motivo aparente? Se o pensamento apareceu de repente, provavelmente é o seu ente querido mostrando sua presença.

Seja gentil com você mesma e não se esforce muito. O fato é que, se o recebimento de mensagens virar uma obsessão, seu esforço não funcionará. Quando menos esperar, algum dia, de alguma forma, receberá a mensagem que sempre quis.

PARA SE CONECTAR POR MEIO DE OUTRA PESSOA: ENCONTRE UM BOM MÉDIUM

Se tudo falhar e você ainda não se sentir confiante para se comunicar com o ente querido falecido, procure um médium. Ele fará essa conexão para você. A melhor maneira de encontrar um bom médium é por indicação de alguém que já o tenha consultado. Você provavelmente não procuraria um médico, advogado ou qualquer outra especialidade nas páginas amarelas, portanto, não procure um médium dessa maneira também.

Quando visitar um médium

Quando as pessoas marcam uma consulta com um médium, muitas me perguntam o que precisam fazer para se prepararem para a sessão. A resposta é simples: se você deseja se conectar com alguém que já faleceu, peça mentalmente à pessoa com quem quer se conectar para comparecer à sessão. Você também pode levar uma foto ou algo significativo que pertencia à pessoa, mas isso não é necessário. O que realmente faz a diferença é a sua intenção de se conectar.

Quando um médium lhe diz algo que a assusta

Não acredito em coincidências, e algo estranho aconteceu comigo enquanto estava escrevendo este capítulo. Uma conhecida, bem-intencionada, disse que "viu" que algo de ruim estava para acontecer comigo e entrou em detalhes. Eu sabia que aquilo não iria acontecer comigo, mas fui imediatamente para dentro de mim mesma para ver por que o universo estava pedindo para que ela me dissesse aquilo. Compreendi que precisava compartilhar as informações a seguir com vocês. Se um médium diz que algo ruim vai lhe acontecer e o fato não lhe parecer familiar, não leve a sério! Seus pensamentos criam a sua realidade, e você realmente pode fazer com que as coisas aconteçam. Se você está com medo de que algo possivelmente vá acontecer e você dispensa muita energia nesse pensamento, pode acabar criando o que teme. Graças a Deus, conheço bem esse conceito, e desde o início não gastei minhas energias com o que minha amiga me disse.

Se um médium ou um amigo bem-intencionado disser ter "visto" uma coisa terrível, não o escute. Médiuns de verdade sabem como nossos pensamentos criam a realidade, e lhes dirão de forma agradável como evitar algo que eles sentem que pode estar em seu caminho. Os médiuns pacificamente vão ensiná-la o que fazer para que isso não aconteça. É essa orientação que vai impedir que a situação negativa se manifeste.

Se ninguém aparecer

Embora isso não aconteça sempre, pode acontecer de ninguém aparecer. Por exemplo, uma pessoa que recentemente atravessou para o outro lado da vida geralmente está mais ansiosa para se comunicar do que alguém que tenha ido embora há muito tempo. Se alguém já se foi há muito tempo, essa pessoa pode ter se mudado para outro nível ou pode já ter reencarnado. Outra razão para alguém não se comunicar é a pessoa não estar presente no momento da leitura. Um médium não pode fazer alguém aparecer, por esse motivo, se o seu ente querido não estiver ali, o médium não conseguirá pegar sua energia.

Outra explicação para alguém não se comunicar: pode ser que a energia da pessoa ou a sua própria é muito baixa. Lembre-se, um médium lê energias, por essa razão pode ser ainda mais difícil pegar essa energia se você e a pessoa falecida são tranquilas. Isso não significa que não possa ser feito; é apenas mais difícil.

Outra razão para que alguém não apareça é você não desejar que o ente querido lhe envie mensagens. Em tais ocasiões, há a necessidade de cura antes que a comunicação ocorra. Recentemente recebi uma cliente no meu consultório que me disse ter pedido ao pai para não vir, pois ela ainda estava muito zangada com ele. Ela não ficou surpresa quando não recebeu nenhuma mensagem dele.

Mas também pode haver outras razões pelas quais o ente querido falecido não consegue se comunicar. O médium pode estar "desligado" em um determinado dia, fazendo muito esforço, ou incapaz de confiar plenamente nas informações que está recebendo.

Se for um médium respeitado, conhecido, tente ser aberta para quem ou o que vier. Às vezes, pessoas do outro lado têm uma agenda diferente da sua, portanto, estão dispostas a aceitar tudo o que ocorre. Nunca se esqueça de que os entes queridos estão bem e, se você for persistente, eles virão informá-la de uma forma ou de outra que estão ao seu lado, mesmo que não consigam se fazer visíveis.

Espero que tenha aprendido como obter *feedback* dos entes queridos falecidos. Contudo, fique tranquila, eles estão bem e querem que você esteja bem também!

No próximo capítulo, explicarei que as cartas não são a única maneira de ver por meio dos olhos do outro. Falarei sobre uma série de outras coisas que você pode fazer para "enxergar melhor" e criar paz em seus relacionamentos.

Capítulo 12

Outras maneiras de ver através dos olhos do outro

Escrever cartas não é a única maneira de ver através dos olhos do outro. Você pode não querer escrever ou não ter tempo; não há problema nisso! O importante é "enxergar melhor" cada um de seus atos. Aliás, é importante que faça isso mesmo que tenha escrito essas cartas. Isso é algo que você pode aprender a fazer a cada momento, dia a dia. E é muito simples: basta prestar atenção a todas as pessoas ao seu redor!

PRESTAR ATENÇÃO EM
TODOS QUE ENCONTRAR

Tome conhecimento das pessoas em seu caminho. Faça a vida de cada uma ser um pouco melhor por você fazer parte dela. Lembre-se de que ninguém é mais ou menos importante do que o outro. Seja uma pessoa que está dirigindo pela estrada, empurrando um carrinho no supermercado ou alguém que está trabalhando, todos merecem ser tratados com amor e respeito. Comece a perceber que na verdade somos todos um só, e sinta Deus dentro de cada pessoa e animal que você encontrar.

Basta dizer-lhes como você se sente. Permita que as pessoas amadas saibam o quanto significam para você. Simplesmente diga como se sente e o que admira nelas. Ligue, envie e-mails, mande textos ou diga pessoalmente. Se as pessoas estão sendo gentis, agradeça-as e reconheça o que elas fizeram. Isso dará incentivo para que continuem cuidadosas e, futuramente, criará um efeito cascata, difundindo ainda mais a bondade em todos.

Escute os outros de verdade. Olhe os outros nos olhos quando estiverem falando com você; preste atenção no que estão falando. Tente não interferir com suas experiências até que terminem o que estão dizendo. Permita que todos saibam que estão sendo ouvidos e que são importantes, pois realmente são!

Retorne ligações e e-mails. Retorne telefonemas e e-mails em tempo hábil. Alguém pode estar esperando. Se você não responder, a pessoa pode se considerar insignificante. Tente pensar como você se sentiria se as pessoas importantes em sua vida não respondessem às suas mensagens. Não iria gostar, por esse motivo, não faça isso.

Ofereça seu tempo. Separe um tempo em sua agenda para os entes queridos e faça com que eles percebam que são especiais para você. Junte-se a eles "sem motivo" específico; lembre-se de eventos importantes, como aniversários, conquistas e assim por diante. Não deixe para participar dessas ocasiões quando achar que está menos ocupada. Seus entes queridos podem não estar por aqui mais tarde e você terá perdido a oportunidade para que eles saibam que você realmente se importa com eles.

Estenda sua bondade às pessoas que lhe servem. Trate as pessoas que lhe servem com compaixão. Tente deixar uma gorjeta maior do que a esperada. Se tiver tempo, deixe um recadinho de agradecimento com a gorjeta. Sorria quando as pessoas estão lhe servindo. Elogie-os e faça com que os gerentes saibam que estão fazendo um ótimo trabalho. Trate todas as pessoas que atuam ou trabalham para você, como você gostaria de ser tratada; e procure saber como tornar o dia dessas pessoas um pouco mais ensolarado.

Fale bem dos outros. Diga coisas boas para os outros sobre as pessoas da sua vida. Palavras positivas podem voltar aos entes queridos e você vai realmente ajudar o dia deles. Mesmo que não tenham consciência do que você disse, eles sentirão suas palavras energeticamente. Quando você espalha a luz, além de se beneficiar muito pela Lei da Ação e Reação, cria pessoas e experiências mais positivas ao seu redor também.

Compartilhe e ofereça ajuda. Compartilhe o que puder com os outros, serviço, objetos materiais ou qualquer outra coisa. Ofereça-se para ajudar antes que a outra pessoa peça. Muitas vezes, amigos ou familiares não querem nos incomodar e não nos pedem se precisam de algo. Além disso, quando ajudar o outro, faça com amor. A pessoa consegue sentir se você está fazendo por amor ou por obrigação.

ESTEJA PRONTA PARA
SE AJUDAR TAMBÉM

É extremamente importante que você se ajude também. Diga *não* se não puder fazer o que alguém está lhe pedindo. Aproveite o tempo para desfrutar das coisas que gosta de fazer. Respeite a si mesma e reconheça suas incríveis qualidades.

 A questão é ver a si mesma a partir de uma perspectiva mais ampla, como se você fosse outra pessoa tentando tornar sua vida um pouco melhor. Entenda que só você é responsável por fazer seus sonhos se realizarem.

 Lembre-se, são as pequenas coisas que importam. Pense em maneiras de tornar o dia das outras pessoas mais especial, incluindo o seu próprio. Preste atenção nas pessoas que cruzam o seu caminho e veja como você está afetando sua vida. Observe como está tratando a si mesma também. Lembre-se, você é tão importante quanto qualquer outra pessoa e necessita ser tratada com respeito. Ao ampliar compaixão para com todos, inclusive para si mesma, você criará paz em sua vida e em todas as vidas ao seu redor.

Parte III

Um processo contínuo

Capítulo 13

Após concluir sua revisão de vida

Ao escrever cada carta, sua intenção deve ser obter a paz na sua vida e na vida de todos ao seu redor, aqui e agora. E por ter essa intenção, você deverá receber exatamente o que pediu. Depois de ter escrito as cartas, sua vida começará a mudar gradualmente para uma nova realidade, mais positiva. Claro, você receberá respostas diferentes, dependendo do tipo de carta que escreveu.

MANTENHA A PAZ QUE CRIOU

Lembre-se, você pode não conseguir mudar o que está acontecendo ao seu redor, mas pode mudar a forma como reage a esses acontecimentos. Se lutar pela paz em todas as situações, experimentará mais paz em sua vida. Por favor, entenda que o processo não finaliza no término da carta, ele é absolutamente contínuo. Intenções devem ser seguidas de ações para mostrar aos destinatários que você realmente quer se manter em paz com eles.

Novos problemas certamente surgirão. Você pode mudar. Os destinatários também. Tanta coisa pode acontecer! Lembre-se de continuar mantendo a paz com todos, inclusive com você mesma, ao longo dos seus anos aqui na Terra.

Não deixe palavras não ditas às pessoas em sua vida. Viva cada dia sendo gentil com aqueles que cruzam seu caminho, e sempre tente ver as coisas do ponto de vista da outra pessoa. Quando você for capaz de ver as coisas a partir dessa perspectiva mais elevada, será capaz de entender as pessoas ao seu redor de forma melhor.

Não estou dizendo que será sempre fácil. Às vezes, pode parecer tão difícil que não saberá se será capaz. Provavelmente, ficará ansiosa sobre várias situações e até mesmo perderá o sono pensando no que fazer. Contudo, como sua intenção é pura, descobrirá como obter paz em cada situação. Nesse ponto, apenas continue fazendo o que for necessário para obter essa paz.

AME E HONRE A SI MESMA

Como mencionado em capítulos anteriores, é crucial amar e honrar a si mesma. Quando for realmente compreender que é tão importante quanto todos os outros, e quando fizer o que for preciso para manter a paz dentro de si, sua vida decolará para uma direção mais positiva.

Você pode achar que é mais fácil ficar longe de certas pessoas pela negatividade que elas levam para sua vida. Nesse momento, por favor, ouça sua voz interior. Enquanto não puder mudar os outros, mude a forma como responde a essa negatividade. Em alguns casos, ficar longe pode ser a melhor solução. Lembre, suas necessidades são tão importantes quanto as das outras pessoas, e obter a paz deve ser seu maior objetivo.

Não se esqueça de que deve se defender, se proteger, e não espere que alguém faça isso por você. Sempre dê atenção aos seus desejos e às suas necessidades. Todos os dias antes de sair da cama pela manhã, pergunte-se como pode criar o dia perfeito para si mesma. Depois, é só fazer o que precisa ser feito para que isso aconteça!

Mais importante, sempre mantenha a serenidade conquistada em sua vida; tente encontrar tranquilidade em todas as situações, independentemente do que está acontecendo ao seu redor. Como Wayne Dyer afirmou com perfeição: "Quando você mudar a maneira como olha as coisas, as coisas que você olha mudam". Isso é uma grande verdade!

ENCONTRE A PAZ DENTRO DE SI MESMA EM TODAS AS SITUAÇÕES

É muito fácil se sentir em paz quando tudo está indo bem em sua vida. No entanto, quando as coisas não vão bem, a chave para manter a serenidade é tentar redirecionar seus pensamentos e olhar para o lado positivo de todas as situações (sim, todas!). Quando começar a olhar o lado positivo de todas as situações, consequentemente, atrairá situações mais positivas em sua vida. Por vezes, a transformação leva certo tempo, embora possa ser instantânea. Em outras palavras, quando você vê o melhor em cada situação, o universo lhe traz mais coisas boas para que você seja grata, sempre!

Assim como aconteceu quando me sentei para escrever este livro e deparei com alguns obstáculos ao longo do caminho. Em suma, tive de reservar alguns dias para escrever, com doze meses de antecedência, pelo meu cronograma de trabalho. Quando a hora dessa pré-agenda finalmente chegou, estava ansiosa para começar e até me mudei para outro escritório para ter um lugar mais calmo para escrever. No entanto, quando estava tudo pronto para começar, encontrei algumas complicações inesperadas. Agora, olhando para trás, vejo que tudo aconteceu por uma razão, para que eu pudesse entender completamente como era importante continuar tentando manter a minha paz interior, não importando o que estava acontecendo fora de mim. Que lição!

Assim que comecei a tirar o notebook da bolsa para escrever, um grupo de trabalhadores parou diante do meu escritório e começou a colocar alguns equipamentos no telhado. Assim que descobri que eles iriam substituir o telhado, comecei a me preocupar com o barulho que fariam. Infelizmente, dentro de curto período de tempo, eles começaram a fazer tanto barulho que eu não conseguia me concentrar no que tinha a intenção de escrever. E comecei a digitar as minhas frustrações:

Estou aqui, sentada em meu escritório, tentando escrever, enquanto equipes de homens estão usando maçaricos e perfurando meu telhado; e tenho de dizer: eles estão fazendo muito barulho! Tentei entrar em salas diferentes para ver se o ruído era menor. Tentei ouvir músicas suaves de harpa. Tentei usar o modo branco de ruído na minha máquina de efeitos sonoros, mas ainda ouvia o constante e forte zumbido das máquinas.

Sou o tipo de pessoa que precisa de silêncio para escrever ou executar meu trabalho. Então me pergunto: Qual é a mensagem aqui? Reservei este dia um ano atrás para que pudesse escrever, então definitivamente preciso usar esse tempo com sabedoria.

O que o universo está me dizendo? Aprendi que cada coisa que acontece em minha vida é uma criação dos meus pensamentos. Que diabos isso significava?

Por não poder pensar com clareza, a única mensagem que estou recebendo, alta e clara, é que para criar a paz na vida, não importa o que está acontecendo lá fora. A verdadeira paz deve vir de dentro.

Então, como podemos manter a paz dentro de nós quando o mundo está gritando com agitação? Estou sentada tentando me concentrar na bela música de harpa que está tocando ao fundo. Aumentei a música para abafar o ruído, mas acabei criando mais tumulto no ambiente. Não posso meditar, pois será impossível experimentar o silêncio.

Focar nos aspectos positivos poderia ser o caminho, digo a mim mesma. É difícil no começo, mas sei que essa mudança de consciência vai desencadear pensamentos mais positivos, que por sua vez acionarão pensamentos mais pacíficos. Eu, literalmente, tenho de me forçar a fazer isso. Há barulho de furadeira de um lado do telhado e homens andando do outro. Além de tudo, há um forte e contínuo som de máquinas.

Tento ser positiva. No começo é difícil, mas me obrigo, pois sei que isso vai mudar tudo.

Meus pensamentos começam a mudar. A equipe está consertando o telhado para que não haja mais vazamentos. Estão protegendo e selando meu escritório. Isso é uma coisa boa.

Em seguida, dou um olhada ao meu redor e vejo uma sala linda e calma. Concentro-me no fato de que me mudei há três semanas para esse novo escritório, e adoro entrar neste paraíso a cada dia.

"Estou sentada na sala de espera e vejo o belo mural de querubins que um dos meus clientes pintou na minha parede. Bem no centro do mural há enormes asas de anjo com um magnífico arco-íris passando por dentro deles. Tento focar nisso, e vejo beleza em tudo.

As distrações de fundo estão começando a ficar menos perceptíveis, e eu estou me sentindo muito melhor. Posso até sentir o cheiro da vela lilás queimando na mesa de centro. A música parece ser o barulho dominante que ouço agora. Como isso é possível?

Agora posso entender o significado de tudo isso. A vida é cheia de distrações, que podem mudar o foco da nossa atenção para o que não queremos. Às vezes, essas distrações são difíceis de ignorar, mas é durante as dificuldades que devemos nos esforçar para mantermos o foco em nossas *intenções. Frequentemente, temos que nos forçar a ver e sentir além do que está acontecendo fora de nós para conseguirmos a paz e o amor dentro de nós mesmos.*

Na verdade, sou grata por toda essa experiência, pois ela me ensinou essa grande lição. Quando comecei a mudar meu foco para os aspectos positivos de tudo o que estava acontecendo, consegui ver e sentir mais do que eu queria, em vez do que eu não queria. Embora tenha custado muita paciência e perseverança, no fim fui capaz de ver o quão importante é perceber o amor e a paz em tudo!

VOCÊ PODE FAZER ISSO TAMBÉM!

Você pode estar se perguntando: "Como essas experiências se relacionam comigo?". É simples. Você também pode tentar reorientar os seus pensamentos em algo que a faz sentir-se melhor e que seja totalmente alheio ao que está acontecendo, ou colocar toda a sua atenção sobre qualquer aspecto positivo de tudo o que está ocorrendo. Escrever as qualidades positivas advindas da situação também ajuda.

Lembre-se, você é a única que pode quebrar os maus pensamentos e ver o lado positivo em qualquer situação. Quando conseguir fazer isso durante os momentos mais difíceis, certamente será capaz de ter essa mesma atitude em qualquer momento de sua vida. O segredo é pensar no que deseja, não no que não deseja. Se pensar sobre o que quer, receberá mais. Se mantiver o foco no que não quer, continuará recebendo coisas que não quer.

Quando estava terminando este capítulo, senti-me guiada para ligar para a Sue, uma cliente que recentemente veio a uma consulta. Ela me informou que havia acabado de descobrir que o filho Daniel precisava de um aparelho auditivo. Naturalmente, estava preocupada e muito chateada, reação normal de qualquer mãe.

Imediatamente, sabia que deveria lembrá-la de manter-se positiva, principalmente naquela hora. Muito embora a situação parecesse como mais um obstáculo na vida do seu precioso filho (ele já havia passado por uma série de problemas relacionados à saúde), ela precisava ver o lado bom de tudo. Disse-lhe que era maravilhoso que sua audição agora seria recuperada. E que era ótimo que ele não teria de passar por mais um daqueles temidos exames médicos.

Depois de falar com ela por um tempo, fiquei feliz pela sua energia ter mudado gradualmente de desespero para alívio, quando ela entendeu que seu filho estaria muito melhor com o aparelho auditivo do que sem ele. Provavelmente, essa não será a última situação negativa que Sue encontrará em sua vida, mas agora ela realmente entende o quão importante é ver o melhor em absolutamente tudo que aparecer em seu caminho.

Apesar de você, assim como Sue, não poder mudar o que está acontecendo no mundo, você pode mudar o que está acontecendo dentro de você. Aprenda a olhar para o lado positivo de todas as situações, não importa o que esteja acontecendo, assim, vai se sentir muito melhor. Experimente, realmente funciona.

Capítulo 14

Resumindo: vendo através dos olhos do outro

Como médium, muitas vezes sinto as emoções das pessoas ao meu redor como se fossem minhas; portanto, entender o ponto de vista de outra pessoa geralmente é muito fácil para mim. Sei que pode não ser fácil para todos, mas tenho certeza absoluta de que, se você puder, pelo menos tentar ver através dos olhos do outro e responder em paz, toda sua vida mudará para melhor.

Escrever uma carta é uma das melhores maneiras de expressar seus sentimentos positivos para os entes queridos. Dessa forma, você está reservando o seu tempo para expressar exatamente o que quer dizer. Os destinatários também terão um pedaço de evidência tangível de sua pretendida paz com eles, e poderão ler sempre que quiserem. Lembre-se de que o acompanhamento das suas intenções positivas é tão importante quanto as cartas em si; portanto, criar a paz com aqueles que a rodeiam deve ser um processo contínuo. Faça o que precisa ser feito para manter relações positivas com todos e inclua-se nessa equação. Às vezes, será uma coisa muito difícil de fazer, mas sempre valerá a pena.

Conforme as situações evoluem e você observa outros fazendo coisas que não entende, pare e tente entender de onde eles veem antes de criticá-los ou atacá-los. Não alcançamos a paz apontando o dedo e dizendo que a culpa é da outra pessoa. Trata-se de assumir a responsabilidade por suas ações em todas as situações.

Aqui vão alguns pontos essenciais: por favor, não procure que os outros mudem para atender às suas necessidades, pois pode ser que nunca consigam mudar! Eles podem não estar em alinhamento com a sua energia; isso é normal. Todos nós estamos onde precisamos em um determinado momento.

Além disso, todo esse processo não é apenas sobre como fazer os outros se sentirem bem, pois, às vezes, eles nunca se sentirão bem. O propósito de ver através dos olhos do outro não é agradar a todos, mas sim obter a paz dentro de si mesma.

Tente compreender que quando você abre o seu coração e se esforça para obter a paz com aqueles ao seu redor, nem sempre espere que os outros possam enviar esse amor de volta a você, pois eles podem não ser capazes de fazê-lo. Na verdade, todos somos um, e o amor, a energia positiva que você dá ao outro, definitivamente voltarão para você.

A IMPORTÂNCIA DE AMAR

Enquanto o envio de amor para aqueles ao seu redor é essencial para obter a paz em sua vida, amar a si mesma é tão essencial quanto. Lembre-se, ver tudo através dos olhos do outro não significa colocar-se por último; na verdade, significa colocar-se em primeiro lugar! Quando conseguir suprir suas próprias necessidades, estará em uma posição muito melhor para ajudar os outros.

Quando acordar, pergunte a si mesma o que pode fazer para tornar o seu dia mais fácil, e, em seguida, faça o que for preciso para que isso aconteça. Observe tudo com olhos agradecidos conforme executa suas tarefas diárias. Mantenha um diálogo interno constante, amoroso, e use afirmações positivas ao longo de cada hora. Tente ver o lado bom de cada situação que encontrar. Lembre-se de que você sempre pode aprender algo de positivo, mesmo no meio do caos.

Para ajudá-la a compreender o que quero dizer, recriarei um dia típico, mostrando como manter a paz entre as torções indesejáveis e voltas da vida. Escolhi escrever sobre eventos normais que aconteceram comigo no dia em que estava escrevendo este capítulo.

Criando um dia calmo, conseguindo "enxergar" além da situação

Assim que abri os olhos pela manhã, comecei a pensar sobre o que precisava fazer naquele dia. Felizmente, havia tirado o dia de folga para escrever, portanto, não tinha nenhum compromisso agendado. Lembrei que estava planejando ir ao escritório para retornar telefonemas e e-mails, e, em seguida, escreveria um pouco. Mentalmente, havia planejado tudo e estava animada para ter um dia agradável e relaxante. E assim, quando saí da minha cama, comecei a pensar em tudo pelo que eu era grata, lembrando-me das menores coisas na minha vida que, muitas vezes não dei importância.

Depois de terminar os afazeres matinais, arrumei tudo e estava pronta para sair. No entanto, quando abri a porta da garagem, vi meu filho Tim, que já deveria estar na escola, sentado em seu carro. Ele me disse que havia trancado as chaves do carro, o uniforme de beisebol e todo o material escolar no porta-malas e não tinha conseguido sair.

Como era de se esperar, Tim ficou um pouco agitado, mas ele me disse que havia deixado um conjunto de chaves na casa do pai. Felizmente, eu não tinha nenhum compromisso, então não foi um problema para eu levá-lo até lá para pegar as chaves. No entanto, uma vez que chegamos à casa do seu pai, ele não conseguia encontrar as chaves em nenhum lugar.

Nesse momento, minha orientação interior me disse que ele deveria telefonar para a concessionária onde havia comprado o carro e perguntar se eles tinham uma chave extra do porta-malas. Eles disseram que tinham, mas ele teria de levar o RG e a carteira de motorista. Isso significava que eu tinha de levá-lo de volta para minha casa, onde estava a documentação. Quando chegamos, liguei para a escola para dizer-lhes que ele iria se atrasar por causa de tudo o que havia acontecido.

Em seguida, pulamos no meu carro e fomos até a concessionária, que ficava a cerca de meia hora de distância. Felizmente, eles conseguiram a cópia da chave e, claro, ficamos aliviados.

Ao longo desse calvário, tentei ver o lado bom de tudo isso; eu não tinha nenhum compromisso programado para o dia, o que era raro, então não precisei me preocupar em chegar rápido ao escritório. Independentemente das circunstâncias, foi ótimo ter esse tempo adicional com meu filho. Além disso, quando algo fora do normal ocorre, sempre olho para dentro de mim mesma para ver o propósito do que aconteceu. O que Tim ou eu precisávamos aprender com tudo aquilo? Certamente, Tim aprendeu a ter sempre um jogo extra de chaves em algum lugar, no caso de isso acontecer de novo. Mais importante, no entanto, aprendemos a ter paciência, pois, se tivéssemos sido impacientes ou ficado nervosos, a situação teria sido muito pior.

Como bônus adicional, meu filho e eu também compartilhamos boas risadas durante a nossa viagem. No caminho para a concessionária, disse-lhe que cada vez que a música "White Horse", de Laid Voltar, aparecia no meu iPod, um cavalo "aparecia" em algum lugar. Ele não deu muita importância, mas logo que a música começou a tocar, passamos por um restaurante com uma enorme, e sem exagero, estátua de um cavalo no telhado! Nós dois começamos a rir tanto que toda a tensão dentro de nós foi imediatamente liberada. Se isso não fosse o bastante, quando estava dirigindo para casa, o iPod simplesmente parou e pulou para uma bela música que tanto precisávamos ouvir naquele momento.

Apesar das circunstâncias incomuns do dia, foi ótimo que Tim e eu, que estamos sempre ocupados, pudemos passar esse tempo juntos. Como um subproduto, ele também foi capaz de obter uma melhor compreensão das coisas malucas que acontecem no meu mundo. Quando eu o olhei pelo canto dos meus olhos e o vi rindo, sabia que tudo havia valido a pena.

Quando chegamos em casa, ele conseguiu usar a nova chave para pegar os seus pertences do porta-malas. Naquele momento, todos os chamados "problemas" foram resolvidos. Dei-lhe um abraço e disse que o amava, e ele saiu para um novo dia.

Por não querer perder mais tempo, decidi trabalhar em casa. Surpreendentemente, estava contente com a forma como tudo havia acontecido, pois acabei tendo um dia maravilhoso com os meus animais em minha casa, fazendo tudo o que queria fazer e escrever, sempre que a inspiração batia. O restante das horas, tentei pensar positivamente e mantive um diálogo interno pacífico sobre tudo o que encontrei. Como sempre, quando sentia um nó no meu estômago, repetia a minha afirmação favorita, de Louise Hay, "Tudo está bem no meu mundo". (Sempre que repito isso por alguns minutos, toda a minha energia muda e me sinto muito melhor!)

No fim da tarde fui ao supermercado para pegar algumas coisas, e, como sempre, certifiquei-me de observar todos ao meu redor. Empurrei meu carrinho para o lado para sair do caminho dos outros quando parei para olhar os itens que precisava; verifiquei se tudo de que precisava estava no meu carrinho e se o dinheiro estava fácil antes de entrar na fila, para que ninguém tivesse de ficar esperando mais tempo para ser atendido; ajudei a empacotar as compras, e assim por diante. Embora todas essas coisas possam parecer insignificantes, elas significaram muito para as pessoas ao meu redor.

    Depois de fazer as compras, fui assistir ao jogo de beisebol do meu filho. Lá, estava ciente dos sentimentos dos jogadores de ambas as equipes e suas famílias. Batia palmas para os da equipe do meu filho sempre que eles faziam boas jogadas, e ficava quieta quando as coisas não iam bem ou se erros eram cometidos. Gostei do jogo e orgulhosamente assisti ao meu filho e a ambas as equipes jogarem bola.

    Quando o jogo terminou, fui para casa para fazer um jantar rápido para o meu filho e eu. Depois de limpar a cozinha, estava tão cansada que decidi relaxar o restante da noite. Quando fui para a cama naquela noite, mentalmente passei por uma minirrevisão de vida para ver como havia afetado cada pessoa e animal que encontrei. Passei um tempo extra nessa revisão para me certificar de que havia me tratado muito bem. Estava satisfeita com a maioria das atividades que tinha realizado naquele dia, e fiz um lembrete mental de alguma das coisas que poderia ter feito melhor.

COMO FAZER

Você pode fazer a diferença em sua vida e na vida dos outros simplesmente vendo tudo a partir de uma perspectiva mais ampla. Tente ver o lado positivo de todas as situações que aparecerem em seu caminho. Viva cada dia sendo gentil e ajudando cada pessoa que atravessa sua vida. Tente ver tudo pelo ponto de vista da outra pessoa. Lembre-se sempre de respeitar-se também! Quando você compreender que é tão importante quanto todos os outros, toda a sua vida mudará. Se você se lembrar de amar a si mesma e aos outros incondicionalmente, sua vibração alcançará um nível muito mais elevado. É nesse ponto que será capaz de criar a paz em sua vida e no mundo ao seu redor.

Realize uma minirrevisão de vida pelo menos uma vez por semana, tendo uma visão mais ampla de como você tem afetado os outros, você mesma, animais e a natureza. Isso vai lhe dar uma ideia do seu progresso. Infelizmente, a maioria das pessoas não percebe como tem afetado o mundo até que seja tarde demais, isto é, depois de terem atravessado para o outro lado da vida. É então que elas decidem "fazer melhor da próxima vez".

Seria ótimo se você pudesse perceber tudo isso, pois não só criaria a paz dentro de si mesma e com aqueles ao seu redor, mas também começaria um efeito cascata que poderia fazer do mundo um lugar mais positivo para todos. Isso não é maravilhoso? Estou concluindo esta parte do livro com uma oração de São Francisco de Assis que diz tudo.

> Senhor, fazei de mim um instrumento de vossa paz.
> Onde houver ódio, que eu leve o amor;
> Onde houver ofensa, perdão;
> Onde houver dúvida, fé;
> Onde houver desespero, esperança;
> Onde houver trevas, a luz;
> E onde houver tristeza, alegria.
> Oh Mestre, fazei que eu procure mais
> Consolar, que ser consolado;
> Compreender, que ser compreendido;
> Amar, que ser amado;
> Pois é dando que se recebe;
> É perdoando que se é perdoado;
> E é morrendo que se vive para a vida eterna.

E que assim seja.

Que você possa continuar vendo a luz de Deus em cada pessoa e em tudo o que encontrar. Muitas bênçãos para você!

POSFÁCIO

Continuamente recebo provas de que nossa alma nunca morre. Depois que seus entes queridos deixam o plano terreno, eles querem que você saiba que ainda estão por perto e que estão bem. Estão ansiosos para lhe dizer que estão cientes do que está acontecendo à sua volta, e, às vezes, revelam coisas que você nem sequer está ciente ainda. Se você não é capaz de perceber o que eles dizem, eles poderão lhe dar sinais, os quais você não conseguirá ignorar.

Por terem deixado o corpo físico, eles podem ver todas as coisas a partir de uma perspectiva mais ampla. Podem até ver através de seus olhos exatamente como afetaram-na. Muitas vezes, eles acham que é tarde demais para fazer as coisas direito, quando na verdade não é.

Desde que consegui compreender o conceito de ver tudo a partir de uma perspectiva mais elevada, a minha vida mudou muito. Tento (e às vezes, acredite, é difícil!) viver cada dia e ver as coisas a partir do ponto de vista da outra pessoa. E quer saber? Posso honestamente dizer que minha vida mudou muito e para a melhor por causa disso. Alcancei uma abundância de paz dentro de mim depois de estender essa paz e amor a todas as outras pessoas. Meu objetivo era compartilhar esse conhecimento com você.

Lembre-se de que o verdadeiro propósito da sua vida é reconhecer e trabalhar em direção ao amor incondicional. Você pode ser a paz que deseja ver no mundo. É seu direito de primogenitura. Você é um ser espiritual, tem uma experiência humana, e não o contrário. Você é divina, você é amor, você é luz!

APÊNDICE
Mensagens do outro lado da vida e muito mais

Neste apêndice, incluo algumas histórias das minhas leituras, as quais vão ajudá-la a entender melhor o que nos acontece depois que deixamos o corpo. A seguir, você vai notar que incorporei respostas às perguntas mais frequentes de meus clientes. Você notará uma semelhança em todas as histórias, pois, geralmente, os entes queridos falecidos ficam muito ansiosos para nos avisar que estão por perto e bem.

QUANDO ALGUÉM MORRE INESPERADAMENTE

Muitas pessoas se questionam se um espírito fica em paz depois de uma morte inesperada, como um acidente, homicídio ou suicídio. A resposta é simples: a alma da pessoa que fez a travessia geralmente está muito bem e quer que os entes queridos saibam disso. No caso de um suicídio, a pessoa sente a dor que essa experiência causou nos entes queridos, e, geralmente, quer expressar seu remorso àqueles a quem está causando tanta tristeza. Uma vez que a conexão é feita com os entes queridos e as desculpas são aceitas, o espírito é capaz de seguir adiante e evoluir. O que o falecido percebe é que os entes queridos vivos também estão muito tristes, pois sentem que poderiam ter feito algo para impedir sua morte. Quando tudo for dito e feito, após o falecido e o vivo fazerem as pazes, o desencarnado normalmente afirma que os entes queridos não poderiam ter evitado o suicídio. Nesse momento, todos são capazes de continuar em paz com esse reconfortante novo conhecimento.

Sempre que ocorre uma morte inesperada, por assassinato ou acidente, a pessoa falecida geralmente fica muito determinada a entrar em contato com os entes queridos vivos para que saibam que está tudo bem. A mensagem é, com frequência, urgente e difícil de ser ignorada. Tal foi o caso do Ryan, cuja vida terminou cedo demais, quando ele acidentalmente se afogou enquanto caminhava na praia após sair de uma festa.

Jovem faz contato do outro lado da vida depois de ter sido dado como desaparecido

Quando estava assistindo ao jogo de beisebol, avistei minha amiga Rose vindo em minha direção e carregando uma jaqueta masculina. Ela parecia perturbada, e eu, imediatamente, perguntei-lhe o que estava acontecendo. Ela me disse que o sobrinho Ryan havia desaparecido depois de ir a uma festa algumas semanas antes, e ela queria que eu segurasse o seu casaco para ver se poderia descobrir alguma coisa sobre ele. Depois de dar um abraço nela, disse-lhe que levaria o casaco para casa para ver se poderia "sentir" algo.

Imediatamente, senti uma energia muito triste em torno do casaco. Tenho certeza de que estava sentindo o quanto a família de Ryan estava perturbada, e não ele próprio. Comecei a meditar e tentei descontar o que estava recebendo. Acreditava que Ryan estava em espírito, mas não estava certa do que havia acontecido. Como mãe de um menino da mesma idade, não queria aceitar o que estava recebendo. Ryan havia atravessado para o outro lado da vida e eu não queria ser a pessoa responsável por informar a família. Simplesmente eu não podia fazer isso. E se o que estava recebendo fosse um erro e as vibrações fossem de outro jovem?

Disse ao rapaz que não poderia contar para sua família o que havia acontecido, a menos que ele me enviasse mensagens bem específicas que confirmassem que era ele mesmo. Pedi que me contatasse assim que encontrassem seu corpo para que eu transmitisse suas mensagens à família.

Um dia, na casa da minha amiga Rose, solicitei que ela ligasse para sua irmã Mary Jane, mãe de Ryan, pois havia começado a ver os eventos clarividentes quando estávamos falando sobre ele. Depois que Rose ligou para a irmã, peguei o telefone e disse a ela que havia visto uma imagem de uma vara onde o rio encontrava outro corpo de água. Insinuei o que sabia, mas não podia dizer que via Ryan em espírito; porém ela entendeu o que eu quis dizer. Mais algumas mensagens chegaram, e, depois de um tempo, acabamos nossa conversa.

Um mês se passou e um dia estava em casa conversando com o meu filho Tim quando senti Ryan entrar no quarto com uma energia urgente, gritando: "Ligue para a minha mãe agora!".

Imediatamente, liguei para Mary Jane, que, coincidentemente, estava visitando a irmã Rose naquele momento. O marido de Rose, Jim, atendeu o telefone e eu rapidamente lhe disse: "Tive um sentimento urgente de ligar para vocês agora. Eu sinto o Ryan! O que está acontecendo?".

Jim respondeu: "Acabaram de encontrar o corpo do Ryan! Mas como você pressentiu?".

Expliquei-lhe o que havia acontecido e pedi que ele avisasse Mary Jane que havia ligado. Disse-lhe também que se ela quisesse, eu poderia lhe transmitir mensagens do seu filho amado.

Depois de um curto período de tempo, Mary Jane me ligou e pediu que eu fosse encontrá-la. Ela confirmou que, de fato, haviam encontrado o corpo de Ryan perto de um longo pedaço de madeira, em uma ilha onde o oceano encontra o rio. Desliguei o telefone e fui direto vê-la.

Assim que cheguei à casa dela, corri até Mary Jane e dei-lhe um grande abraço. Disse que Ryan queria que ela soubesse o que havia acontecido com ele. Ele disse que foi a uma festa e depois saiu para dar um passeio pela praia. Quando estava andando, acidentalmente caiu na água e acabou se afogando. Mary Jane me disse que tudo isso fazia sentido; amigos de Ryan haviam dito que ele estava em uma festa com eles um pouco antes do desaparecimento. A última coisa que ele lhes havia dito foi que estava indo caminhar pela praia até a casa da namorada.

Mais do que tudo, Ryan queria que todos soubessem que ele estava bem e que sentia muito por tudo o que havia acontecido. Devido à urgência do que ele tinha a dizer, ele foi capaz de se fazer forte para mim, para que eu pudesse retransmitir o que era necessário para sua amada família. E, como lhe havia pedido, ele foi até mim quando seu corpo físico foi encontrado.

Ryan também se comunicou por meio da minha pessoa para que a namorada Nicole soubesse que ele também estava perto dela e a amava muito. Embora Nicole tenha experimentado a perda do corpo físico do namorado, ela sabia que sua bela alma continuava viva.

Quanto aos seus pais, desde aquele dia, eles têm tido muitos sonhos e recebido mensagens do filho muito amado, avisando-os que ele está com eles. Todos estão felizes por receberem esses lembretes constantemente: sua presença amorosa continua entre eles. Embora a família sinta muita saudade, tem certeza de que ele está bem e continua cuidando de todos.

MÃE FAZ CONTATO DO OUTRO
LADO DA VIDA DEPOIS DE FICAR
DESAPARECIDA POR MUITOS ANOS

Às vezes, quando estou fazendo uma leitura, recebo mensagens com palavras, imagens e nomes aleatórios. Eu as anoto, mesmo que não signifiquem nada, e a pessoa geralmente resolve as peças do quebra-cabeça da leitura em um momento posterior. Shawn ficou muito grata por eu ter feito isso, quando descobriu as mensagens aleatórias que eu tinha escrito havia cinco anos. O Departamento de Polícia da Praia de Dewey decidiu usar essas anotações como pistas quando decidiram reabrir o caso para encontrar a amada mãe de Shawn, desaparecida havia muito tempo. Aqui estão as palavras de Shawn sobre o que aconteceu:

> Minha irmã e eu conhecemos Karen Noe em 2002, quase nove anos depois que a nossa mãe desapareceu quando estávamos de férias em Dewey Beach, Delaware. Nossa família sempre sentiu e tinha certeza absoluta de que a minha mãe havia morrido na noite do desaparecimento. Seu corpo nunca foi encontrado, seu caso de pessoa desaparecida esfriou, e nós estávamos tentando aceitar que talvez nunca saberíamos as respostas para as nossas angustiantes indagações sobre sua morte. Resolvemos seguir o conselho de um amigo: minha irmã e eu marcamos uma sessão com a Karen. Nunca poderíamos imaginar como aquele breve encontro afetaria nossa vida quase cinco anos depois. Durante a sessão de 14 de junho de 2002, Karen conseguiu se conectar com um espírito que estava enviando-lhe mensagens. Ela escreveu palavras aleatórias em um pequeno pedaço de papel que havia à sua frente.

As palavras não pareciam fazer muito sentido para nós, pois estávamos esperando por uma mensagem clara da nossa mãe. De repente, no meio da sessão, Karen colocou a mão na garganta e parecia ter problemas para respirar. Ela pediu desculpas e disse-nos que precisava terminar a sessão. Nós sabíamos que algo estava acontecendo dentro dela, e ela parecia estar com um pouco de medo. Nós, então, dissemos-lhe que nossa mãe era uma pessoa desaparecida, mas que realmente acreditávamos que ela havia morrido na noite em que desapareceu.

Karen pediu que voltássemos em um mês, e disse que não iria aceitar qualquer pagamento. Dirigimos para casa naquele dia com uma forte intuição de que havia sido nossa mãe falando, mas não havíamos entendido as mensagens. Mais tarde, naquele mesmo dia, cuidadosamente coloquei as palavras de Karen entre as páginas de um jornal, onde ficaram até o dia 28 março de 2007. Não consigo achar explicação do motivo de nunca mais voltamos a ver Karen, a não ser simplesmente pelo fato de que ainda não era a hora certa.

Em 11 de março de 2007, voltamos para Delaware. Foi uma viagem que nunca poderíamos ter imaginado e nunca esqueceremos. Não tínhamos intenção de pedir ao Departamento de Polícia da Praia de Dewey qualquer assistência, pois sabíamos que, em primeiro lugar, o caso de nossa mãe nunca havia sido uma prioridade para eles. Gostaríamos de fazer nossa própria investigação e deixamos um bilhete na delegacia simplesmente declarando o fato.

Enquanto dirigíamos pela Praia de Dewey, minha irmã e eu vimos claramente muitas das palavras aleatórias que Karen havia escrito anos antes. Ligamos para uma amiga, Suzanne, que nos lembrou de nossa visita à "Senhora Anjo" (é assim que nos referimos a Karen). Suzanne sugeriu que olhássemos as anotações de Karen quando voltássemos para casa.

No dia seguinte, lemos as anotações e descobrimos que ela havia perfeita e assustadoramente feito a descrição da área em Delaware, onde a nossa mãe havia desaparecido. Não havia como negar isso ou a importância do fato de que Karen havia realmente se comunicado com nossa mãe quase cinco anos antes.

As anotações nos levaram de volta para Delaware uma semana mais tarde para continuar a investigação, e nos levaram a alguém que afetaria nossa vida de maneira milagrosa. Um jovem detetive da Praia de Dewey havia recebido nosso bilhete e nos perguntou se poderíamos nos encontrar com ele. Aceitamos por cortesia, mas na verdade era uma Ordem Divina que começou a se desenrolar ao nosso redor. Ele reabriu o caso de nossa mãe anos após o seu desaparecimento.

Algumas pessoas diriam que um milhão de coincidências nos levou a Karen, a Delaware, a este dedicado e cuidadoso detetive. Contudo, o que aprendemos ao longo dessa jornada é que não existem coincidências, que tudo aconteceu no lugar, tempo e na ordem em que devia acontecer.

Nossa percepção não ocorreu do dia para a noite. Esse processo tem sido um despertar de que nossa mãe nos ajudou e continua a nos guiar através da sua capacidade de se comunicar com a Karen.

Foram muitas as descobertas e experiências espirituais que ocorreram ao longo desta investigação pela busca de seus restos mortais e pela verdade dos fatos que envolveram várias pessoas. Seria preciso escrever um livro com a sua própria história para descrever tudo. Vou tentar fazer isso o mais resumidamente possível.

"Trágico" é como a morte e o desaparecimento da minha mãe sempre foram descritos e sentidos – por todos que a amavam. Aos 53 anos de idade, parecia que sua vida tinha sido tomada antes que houvesse chegado a hora. Sem o corpo para enterrar adequadamente, sem respostas para contestá-las, nada parecia certo ou justo sobre a situação – não para nossa bela mãe e não para os continuavam vivos. O presente da Karen de ser capaz de se comunicar com ela mudou essa percepção para todos nós.

Um dia, por insistência de um amigo, decidi ligar para Karen. Não tinha certeza se ela iria se lembrar da nossa sessão cinco anos antes, mas queria que ela soubesse de que ela já estava, mesmo inconscientemente, ajudando com a investigação que acabara de ser reaberta.

Naquela manhã, duas horas antes de fazer a ligação, comecei a chorar na frente da minha filha de dezessete anos de idade. Pela primeira vez em anos, deixei que ela presenciasse a dor e a angústia que estava sentindo por causa da minha mãe. Minha filha me segurou em seus braços, enquanto repetia a mesma frase várias vezes com lágrimas de angústia: "Tenho de encontrar a minha mãe". A emoção daquela troca era enorme. Senti-me mal por ela ter ido à escola naquele dia após ter testemunhado o meu colapso. Ela me mandou uma mensagem de texto logo depois dizendo que estava preocupada comigo, algo que nunca havia feito antes.

Duas horas mais tarde, estava sentada no meu quintal com a minha amiga Suzanne, quando peguei o telefone e disquei o número da Karen. Pela conversa que se seguiu, realmente senti como se as portas do céu tivessem sido abertas. O que aprendi mais tarde é que as portas estão *sempre* abertas.

Essa primeira conversa entre Karen, minha mãe e eu começou a abrir portas na minha vida que eu nem havia percebido que estavam fechadas. Inconscientemente, as havia fechado ao longo dos anos.

Karen e eu iniciamos nossa conversa. Ela se lembrou de ter conhecido a minha irmã e eu em 2002. De repente, interrompeu-me e disse que havia alguém tentando se comunicar com ela. As palavras que a partir de então vieram de sua boca só poderiam ter vindo do mundo espiritual, do espírito de minha mãe.
– Audrey – disse Karen. – Sua mãe está preocupada com a Audrey e diz que você precisa falar com ela.
Audrey é o nome da minha filha que havia tentado me confortar algumas horas antes. Eu, literalmente, cai de joelhos. Karen disse então que minha mãe queria que eu soubesse que ela estava com Annie Opal, sua irmã, minha tia que falecera cinco anos antes.
Karen e eu conversamos por quase duas horas naquele dia. O mínimo que tenho a dizer é que a lista de mensagens é longa e milagrosa. Havia tantas verdades pessoais que só a minha mãe saberia dizer. Eram descrições de experiências que ainda não haviam acontecido antes do seu desaparecimento, mas que aconteceram depois. Havia muitas pistas sobre o caso do seu desaparecimento. Houve também a primeira de muitas mensagens sobre os restos mortais de seu corpo físico.
No início, pensávamos que ela nos levaria para uma jornada onde encontraríamos seus restos mortais, a justiça e o encerramento do caso. Comecei a passar a maior parte do meu tempo em Delaware, procurando

em pântanos pelos seus ossos, algo físico e tangível, que certamente nos traria a paz interior que tanto desejávamos.

Cada viagem para Delaware tornou-se mais e mais notável, trazendo outra história de anjo, inegável e surpreendente. Essas têm sido as experiências mais "reais" que já tive. Os anjos tornam-se claros e evidentes, e suas orientações são notáveis.

Em 26 de abril de 2007, Karen viajou para Delaware a pedido do Detetive Dempsey. Nós quatro passamos o dia juntos: Karen, o detetive, eu e minha irmã. Nossa mãe estava lá, comunicando-se com Karen a cada passo do caminho. Algumas de suas mensagens eram claras, outras ainda estamos tentando descobrir. Ela permitiu que fizéssemos algumas perguntas sobre o caso, mas estava realmente interessada em falar sobre "coisas pessoais". Ela falou muito sobre o detetive, disse-nos o quanto ela o respeitava. Disse que havia deixado seu corpo físico no momento certo e que não havia sido levada antes que estivesse pronta. Karen transmitiu mensagens que tocaram a nossa alma.

Além de todos os incríveis acontecimentos daquele dia, o mais importante foi uma única palavra que minha mãe disse à Karen.

Quando estava pegando sono, no quarto do hotel na noite anterior, havia pedido à minha mãe para que, por favor, dissesse uma palavra diferente para mim. Eu não tinha ideia se era mesmo possível pedir isso a um espírito, mas mesmo assim lhe pedi.

Em determinado momento, enquanto Karen recebia as mensagens, de repente ela disse que se sentia uma tola, mas minha mãe queria que ela dissesse alguma coisa para mim. Karen sabia que não tinha nada a ver com pistas sobre o caso. Então olhou para mim e disse simplesmente a palavra "elefante". Comecei a chorar e depois a rir. Era exatamente o que eu havia pedido: a palavra elefante.

A visita da Karen em Delaware foi inestimável em muitas maneiras. Embora não tenhamos sido levadas para onde os restos mortais da minha mãe estavam, fomos levadas à conclusão absoluta de que ela havia morrido ali, que o seu espírito deixou seu corpo na noite em que desapareceu, e que ela está em paz desde então.

Ela não deseja que o corpo seja encontrado, pois não está mais ligada a ele. Quando tentamos lhe explicar que precisávamos encontrá-lo, pois ainda estávamos ligadas ao espaço físico em que vivemos agora, ela nos lembou de que talvez deveríamos estar mais ligadas ao espaço espiritual em que sempre vivemos. Portanto, ela não nos ajudou a encontrarmos os seus restos mortais, mas sim a nós mesmas.

Karen me ligou em várias ocasiões nos últimos dezoito meses, para passar mensagens de minha mãe.

Sempre inesperadas e pungentes. Descobrimos que suas palavras "aleatórias" estavam por todos os lugares em Delaware. O detetive nos enviou para alguns lugares enquanto estávamos lá, simplesmente para que parássemos de cavar em pântanos. As pistas de Karen estavam por toda a parte.

Karen uma vez me ligou para dizer que minha mãe havia ouvido as minhas orações da noite anterior e a repetiu textualmente. Ela também liga antes, durante e depois de grandes acontecimentos em nossa vida para nos dizer que nossa mãe sabe e está sempre presente. Este é um dos meus exemplos favoritos:

Uma semana antes do casamento do meu primo David, em Michigan, em 30 de junho de 2007, ele me ligou dizendo que estava pensando muito em na tia Faye, minha mãe. Ele e seus irmãos tinham uma relação muito próxima com ela, desde que nasceram.

David me fez um pedido que nenhum de nós sabia ao certo se era possível, mas me senti tentada para realizá-lo. Era importante para o jovem, a quem minha mãe tanto amava, que ela participasse em espírito do casamento. Ele me perguntou se eu poderia lhe pedir isso. E eu pedi – em uma carta que escrevi a ela alguns dias antes de eu, minha irmã e nossos filhos irmos para Michigan assistir ao casamento. Pedi que ela levasse um presente, em grande estilo, que fizesse algo incrível para o David e para todos nós que a amávamos e sentíamos sua falta. Não tinha ideia do que ela iria fazer no dia do casamento. Contudo, estava certa de que ela surpreenderia e encantaria a todos, e cada um de nós!

Depois da cerimônia na igreja, a caminho da recepção, senti, de repente, uma necessidade de verificar meu celular. Havia três ligações perdidas da Karen Noe! Em uma das mensagens ela dizia que a nossa mãe havia chegado até ela às quatro horas, falando que ela tinha de me ligar naquele momento. O casamento começou às quatro horas. Retornei a ligação imediatamente e deixei uma mensagem. Minutos depois, enquanto esperávamos a entrada da noiva e do noivo na recepção, a Karen ligou novamente. Minha mãe estava lá, Karen nos disse, e ela estava pedindo para falar com David. Com lágrimas nos olhos e alegria no coração, corri em direção ao meu primo e lhe entreguei o telefone. Pelo dom da Karen, ele pôde receber o presente da tia Faye. Nossa mãe nos diz continuamente que está em paz e que a nossa percepção de justiça não é o que vai nos dar a paz. Onde ela habita agora, a versão humana de justiça não existe.

Karen descreveu a nossa mãe, sua personalidade, exatamente como ela era. Contou-nos o quão forte o espírito de nossa mãe é: extrovertida e carismática, amorosa e bem-humorada, às vezes exigente. Karen vê a beleza da nossa mãe sem nunca tê-la conhecido no mundo físico.

Ela e Karen nos trouxeram uma das mensagens mais importantes que recebemos, pelo menos enquanto estamos aqui na Terra na forma humana:

*O céu é a paz, a paz é o amor, o amor é a gente.
Nossos anjos, o universo e Deus desejam apenas que percebamos e experimentemos a empolgante beleza da vida, tanto espiritual como física e que aceitemos que a morte do que é físico é inevitável. A morte do espírito é impossível.*

A mãe de Shawn continua avisando a família que está bem e aparece nos momentos mais inesperados. Ela não quer que eles insistam em algo que ela agora sabe ser insignificante, que é onde estão seus restos físicos. Em vez disso, ela quer que todos entendam que ela está realmente em paz e continua perto de sua família.

Quando estava escrevendo este capítulo, o jornal ao meu lado, literalmente, voou para fora da mesa. Quando fui pegá-lo, não fiquei surpresa com o título na primeira página: "Dewey Não há nada igual". Embora o título estivesse se referindo a uma corrida de cavalos, sabia que Faye estava enviando mais uma mensagem. Os eventos que haviam ocorrido na Praia de Dewey há muito tempo faziam parte de uma tragédia. Esses mesmos eventos foram o que levaram sua amorosa família e amigos para a percepção de que a eternidade da alma é o conceito mais importante de todos.

Faye não quer que seus entes queridos lamentem sua morte e por essa razão continua provando a todos que está por perto. Ela vê além do que enxergamos e não quer que a família fique presa nesse assunto sobre como ela morreu e tentando achar o culpado para se vingar. Como Shawn afirmou tão bem, a mensagem mais importante da sua mãe é: "A nossa percepção de justiça não é o que vai nos dar a paz. Onde ela habita agora, a versão humana de justiça não existe".

QUANDO UMA CRIANÇA
ATRAVESSA PARA O OUTRO
LADO DA VIDA

Perder um filho é diferente de qualquer outro tipo de sofrimento. Os pais, de alguma forma, sentem-se responsáveis, mesmo que não sejam. Quando uma criança atravessa para o outro lado da vida, muitas vezes vejo o alívio dos pais quando ficam cientes da existência da criança em espírito. Às vezes, quando ainda são bebês, eles não são capazes de se comunicar por conta própria. Nesse caso, outros entes queridos que já se foram nos informam que estão com os bebês.

Isso aconteceu quando Kristy e Jon vieram para uma leitura vários anos atrás.

Quando este adorável casal chegou, não tinha certeza do que estava sentindo. Eram pequenas energias, e as interpretei como bebês que estavam no outro lado da vida. Eu vi o número quatro, mas não entendia o que significava. Quando disse a eles o que estava sentindo, eles me disseram que haviam perdido quadrigêmeos meses antes. Enquanto estava consolando-os, tranquilizando-os que os bebês estavam bem, mais dois entes queridos apareceram segurando os bebês e me falaram seus nomes: Tom e Theresa. Um sorriso apareceu no rosto de Kristy, quando ela confirmou que Tom e Theresa eram seus avós que já haviam falecido. Eles foram até lá para que Kristy e Jon soubessem que estavam cuidando dos bebês.

Kristy e Jon ficaram aliviados ao saber que os bebês estavam bem e com a amorosa família da Kristy. Depois que saíram, soube imediatamente que iríamos nos conectar novamente e, de fato, vimo-nos mais algumas vezes após esse dia.

Cerca de um ano depois, Kristy estava tentando engravidar novamente, porém ficava decepcionada a cada mês, quando notava que não estava. Um dia, enquanto meditava, a avó falecida de Kristy me passou uma mensagem dizendo que Kristy estava grávida.

Imediatamente liguei para ela e perguntei-lhe se estava esperando um bebê. Ela disse que não sabia, mas iria fazer um teste de gravidez.

Quando estava dirigindo para ir almoçar, naquele dia, um carro me cortou. Quando olhei a placa vi o número 2. Como não acredito em coincidências, sabia que isso era um sinal de que dois dos seus quadrigêmeos voltariam para Kristy. Quando ela me ligou alguns dias depois, confirmou o que eu já sabia. Ela estava em êxtase, de fato seria mãe.

E agora, o final feliz: ela deu à luz gêmeos adoráveis e saudáveis: Ryan e Casey. Os pais e os bebês estão maravilhosamente bem, e eu estou muito emocionada porque Kristy e Jon agora têm a família que sempre quiseram. Todos eles são verdadeiramente abençoados!

Um fato importante é que as crianças que atravessam para o outro lado da vida, geralmente, mas nem sempre, crescem lá. Fiz essa dedução depois de muitas leituras em que as crianças vieram até nós com a idade que teriam se não tivessem morrido. No entanto, o ponto mais importante é que elas estão sempre bem e querem que os pais saibam disso. Às vezes, embora seja raro, como no caso dos gêmeos de Kristy, elas podem até decidir reencarnar imediatamente com os mesmos pais. A maioria, no entanto, depois de deixar a Terra, espera por sua família imediata para se juntar a elas e decidirem voltar juntos.

QUANDO ALGUÉM DEMORA A ENTENDER O SIGNIFICADO DA MENSAGEM

De vez em quando, um ente querido pode vir com uma mensagem que a pessoa não entende. Com a minha experiência de fazer leituras, sei que a mensagem pode ser algo significativo, então a anoto de qualquer maneira, mesmo que não faça sentido naquele momento. Assim foi o caso da história a seguir.

Como acontece com quase todos que vêm para uma consulta, Pat queria se conectar com os entes queridos falecidos. A leitura correu bem: seu pai, Martin, apareceu, e ele me mostrou que estava "tocando as colheres", como havia feito quando era vivo. Seu irmão Buddy também veio e falou sobre os eventos que estava ciente de que estavam acontecendo com a família. No entanto, no fim da leitura, ele mencionou dois animais incomuns que deixaram tanto Pat quanto eu perdidas. Ele me mostrou um cão com uma máscara de oxigênio e um gambá. Quando retransmiti essas mensagens, Pat riu e disse que não tinha ideia do significado das mensagens, porém eu as anotei, apenas no caso de significarem algo no futuro.

No dia seguinte, recebi uma mensagem na minha secretária eletrônica da Pat, pedindo para que eu ligasse, pois ela já havia descoberto o significado das mensagens. Liguei para ela imediatamente, estava ansiosa para ouvir o que ela tinha a dizer.

Ela falou que depois da nossa leitura foi a uma loja de noivas alugar um vestido que usaria no casamento da filha. Quando chegou, a proprietária disse que havia tido uma semana terrível por causa de um incêndio em sua casa. Depois que terminou de falar, a mãe da mulher entrou na sala e completou a história.

– Nosso cão precisou receber oxigênio – disse ela. – E ele não está nada bem.

Pat então continuou e me disse que também havia falado com a filha logo depois da consulta. De acordo com ela, no dia da consulta um gambá havia se escondido em sua garagem, ficou assustado e pulverizou tudo na garagem, incluindo o seu carro. Pat me contou o quão zangada a filha estava, pois aquele terrível odor não queria ir embora.

Conforme Pat falava comigo, estava rindo para mim mesma, pois as mensagens estranhas que eu havia lhe dado no dia anterior, haviam se tornado significativas. Estava feliz por ter sido persistente e tê-las anotado, mesmo não tendo significado nada naquele momento.

Embora Pat não tenha ficado impressionada pela garagem da sua filha ter sido pulverizada por um gambá ou pelo cão da proprietária da loja de noivas precisar de uma máscara de oxigênio, ela agora sabia, sem dúvida, que seu irmão Buddy estava observando seus entes queridos. Ela tinha provas que ele estava bem e ao redor dela e de sua família até mesmo nos eventos mais incomuns.

CONECTANDO-SE COM ANIMAIS

Já me perguntaram em muitas ocasiões se os animais podem enviar mensagens. Minha resposta é sempre a mesma: sim, absolutamente! Eles sobrevivem ao corpo físico e estão ansiosos para que todos saibam que estão bem. Muitas vezes, dão nomes, passam seus sentimentos e mostram imagens de coisas que eram importantes para eles. Mesmo quando a mensagem é bem incomum, não questiono se devo ou não retransmiti-la; eu sempre a retransmito.

Quando Joseph e Dorothy, um casal maravilhoso de Virginia, veio para uma leitura, seus entes queridos vieram do outro lado da vida para falar com eles. No entanto, por ter sido tão incomum, o que mais se destacou em minha mente não foi a mensagem de uma pessoa, mas sim de um grato roedor!

Enquanto estava transmitindo mensagens a Joseph, um espírito de esquilo decidiu aparecer e foi insistente em agradecer a Joseph por salvar sua vida. O esquilo me mostrou que Joseph lhe havia salvado de uma piscina fazendo uma respiração boca a boca.

Após retransmitir a mensagem a Joseph, ele confirmou ser verdade. Fiquei muito aliviada, pois comecei a me perguntar se a informação que havia recebido era correta.

Por causa dessa leitura, compreendi perfeitamente que os animais são realmente gratos pelas coisas amorosas que fazemos por eles. Eles vêm tal como os humanos, para que saibamos que eles realmente apreciam nossos aleatórios atos de bondade para com eles.

Enquanto estava escrevendo este capítulo sobre animais, um cão que havia vindo em uma leitura que tinha feito alguns meses antes, decidiu aparecer novamente. Aparentemente, queria que sua história fosse incluída neste livro, portanto, aí está.

Quando Roni entrou para a leitura, sua adorável Springer Spaniel veio alta e clara para dizer ao proprietário que estava bem. Ela me disse que seu nome era Dora e me mostrou que havia sido atropelada por um carro. Ela queria que os donos soubessem que se o acidente não tivesse ocorrido, outro ocorreria, pois estava na hora de ela sair do corpo. Não queria que seus proprietários se sentissem culpados por não terem impedido que ela corresse para a rua, ela queria deixar isso bem claro. Dora queria assumir total responsabilidade pelo acidente e sentia muito pela dor que havia causado a eles. Ainda disse que voltaria em breve e que eles iriam reconhecê-la pela sua personalidade. Por causa de sua força de vontade, sei que ela não esperará muito tempo para se juntar a sua família amorosa mais uma vez.

ANIMAIS VIVOS
PODEM DAR E RECEBER
MENSAGENS TAMBÉM

Faço muitas oficinas no meu centro, mas uma das minhas aulas favoritas é sobre a comunicação de animais.

Embora houvesse uma série de animais na aula naquele dia, dois destacaram-se claramente em minha mente: Darla, uma Cocker Spaniel muito doce, e Zack, um adorável Springer Spaniel Inglês.

Estava sentada em um dos lados de um sofá em forma de L, ministrando o curso, e Darla e sua proprietária, Carolyn, estavam do outro lado. De repente, Darla decidiu caminhar em direção a mim no sofá e olhou diretamente nos meus olhos, como se quisesse me dizer alguma coisa. No início, eu não sabia se estava recebendo a informação correta. Ela retransmitia que não era mais a Darla, e sim Thainy. Quando repeti o que achava que ela havia me dito, Carolyn alegremente respondeu: "Eu sabia!".

Por não ter entendido, perguntei à Carolyn o que significava a mensagem. De acordo com a moça, os proprietários anteriores de Darla a haviam maltratado. Algum tempo depois, Carolyn e o marido John, adotaram-na. Darla só ficava em um canto e não saía de lá. Após alguns meses, a personalidade de Darla, de repente, mudou, sem razão aparente. Carolyn percebeu sua mudança comportamental quando Darla inesperadamente saiu do seu canto e pulou em seu colo. Após esse incidente, Carolyn percebeu que Darla havia começado a atuar como Thainy, a cadela de Carolyn e John que havia morrido recentemente.

Portanto, a mensagem que a doce Cocker Spaniel havia me dado naquele dia durante a aula certamente fazia sentido! A alma de Thainy agora residia no corpo de Darla. E a melhor parte é que essa nova informação só confirmou o que seus proprietários já suspeitavam havia tempos!

No início da mesma aula, coloquei um biscoito para cachorro entre as almofadas que estavam ao meu lado no sofá. Enquanto colocava o biscoito ali, Zack dormia confortavelmente no chão do outro lado da sala.

Cerca de 45 minutos depois, sua proprietária, Tanis, queria ver se seria capaz de enviar mensagens para Zack, mesmo dormindo. Disse a ela que era definitivamente possível, e pedi a cada uma das mulheres presentes para que enviassem um feixe de luz de seu chacra cardíaco para o Zack. Em seguida, disse-lhes para desenhar oitos no ar em direção a ele e visualizá-lo acordando para pegar o biscoito.

Depois de alguns minutos da nossa tentativa de lhe mandar a mensagem, Zack sentou-se, com aquela cara de sono e olhou para todos, como se dissesse: "Está bem, já ouvi, vou fazer o que vocês querem que eu faça.". Para nos apaziguar, ele caminhou diretamente até o biscoito, sem que ninguém lhe mostrasse onde estava. Então, pegou o seu deleite, comeu, voltou ao seu lugar original, jogou-se no seu canto e adormeceu de novo.

Todos na classe ficaram surpresas por terem sido capazes de se comunicar telepaticamente e com sucesso com aquele lindo cão. Claro, eu já sabia que isso iria acontecer. Apenas sorri.

AJUDA DE ENTES QUERIDOS DO OUTRO LADO DA VIDA

As pessoas que atravessam para o outro lado da vida, muitas vezes querem ajudar os entes queridos que ainda estão aqui na Terra, e tornam-se frustradas quando não estão sendo ouvidas. Quanto mais importante a mensagem, mais persistentes eles serão para encontrar um caminho para "chegarem até você" para dizer o que precisa ser dito. Assim aconteceu com Tom, que decidiu fazer com que sua presença fosse notada durante uma das minhas aulas.

Depois que o pai de sua amiga lhe deu uma cópia do meu primeiro livro, Theresa decidiu frequentar uma das minhas aulas sobre como se comunicar com os anjos e entes queridos falecidos. Bem no meio da aula, seu pai falecido insistiu em falar com ela. Ele foi tão persistente que tive de parar a aula e anunciar que ele estava lá. Primeiro, disse que seu nome era Tom e que havia feito a passagem para o outro lado da vida recentemente. Pediu para dizer à Theresa e a suas irmãs que ele as amava muito e estava perto delas. Depois que retransmiti mais algumas mensagens, Theresa quis saber se poderia lhe fazer uma pergunta. Disse-lhe que poderia tentar, mas não sabia se ele iria responder.

Ela quis saber onde estava o dinheiro que ele havia escondido. Aparentemente, o pai havia guardado o dinheiro em algum lugar da casa e a família não conseguia encontrá-lo. Eles estavam vendendo a casa e precisavam localizar o dinheiro antes de se mudar.

Em resposta, Tom imediatamente me mostrou que o dinheiro estava sob o isolamento rosa no sótão. Theresa me disse que a família já havia olhado em todos os lugares, incluindo o sótão, mas ela iria verificar de novo.

Logo depois que ela foi para casa, Theresa me ligou no escritório. Ela estava muito animada e disse que havia encontrado uma quantidade substancial de dinheiro no sótão sob o isolamento, exatamente onde o pai havia dito que estaria. A família pôde dar um suspiro de alívio e vender a casa, gratos com o dinheiro que o pai lhes deixou. Eles não só foram presenteados monetariamente, mas também obtiveram o maravilhoso conhecimento de que o pai ainda estava perto deles, cuidando da amada família!

MUITO MAIS

Compartilhei algumas histórias neste apêndice com o objetivo de ajudá-los a entender melhor o que acontece com os entes queridos depois que deixam o corpo físico. Há tantas histórias para contar, que poderia escrever um livro somente com esse conteúdo. (Se você tiver interesse em ler esses tipos de histórias, poderá encontrá-las em meu primeiro livro.) Basta entender que você é muito mais do que seu corpo físico. Sua verdadeira essência é energia, a qual nunca deixará de existir. Isso não é algo que acredito, é algo que sei. O meu desejo é que você saiba disso também!

Lançamentos Magnitudde
Leitura com conhecimento!

Como dizer sim quando o corpo diz não
Dr. Lee Jampolsky

Descubra o Deus que existe dentro de você
Nick Gancitano

O desejo
Angela Donovan

A real felicidade
Sharon Salzberg

Leia Magnitudde!
Um aprendizado em cada linha!

Meu querido jardineiro
Denise Hildreth Jones

Seu cachorro é o seu espelho
Kevin Behan

A solução para a sua fadiga
Eva Cwynar

Um lugar entre a vida e a morte
Bruno Portier

Lançamentos Magnitudde

Leitura com conhecimento!

Vivendo Com Jonathan
Sheila Barton

VIVENDO COM JONATHAN é uma emocionante história que retrata com inteligência, paixão e humor a própria vida da autora, Sheila Barton, e sua jornada das trevas para a luz, passando pela dor e tristeza até encontrar a esperança e o amor.

Cuida de Mim
Daniela Sacerdoti

Um livro excelente. CUIDA DE MIM é uma história comovente e muito bem escrita... Quase impossível parar de ler!

– *Novelicious, um dos blogs mais conceituados do Reino Unido.*